Seckel Bamberger

Lekach Tob

Ein akadischer Kommentar zu Megillat Ruth von Tobia ben Eliese

Seckel Bamberger

Lekach Tob
Ein akadischer Kommentar zu Megillat Ruth von Tobia ben Eliese

ISBN/EAN: 9783743631373

Hergestellt in Europa, USA, Kanada, Australien, Japan

Cover: Foto ©ninafisch / pixelio.de

Weitere Bücher finden Sie auf **www.hansebooks.com**

LEKACH TOB
(PESIKTA SUTRATA).

Ein agadischer Kommentar

zu

Megillat Ruth

von

Rabbi Tobia ben Elieser

ersten Male herausgegeben nach einer Handschrift der chener Hof- und Staatsbibliothek, mit Vergleichung der Handschriften aus den Bibliotheken Oxford, Brit. Mus.-don (Cod. Harleian), Cambridge, Wien (Cod. Jellinek), rsburg (Kais. Bibliothek), Parma und Rom (Cod. Casanata und Cod. Angelica) und mit Kommentar versehen.

Einleitung

Inaugural-Dissertation

zur

Erlangung der philosophischen Doctorwürde

an der Universität Leipzig

vorgelegt von

Seckel Bamberger

aus Aschaffenburg.

ANTON BOEGLER'SCHE BUCHDRUCKEREI IN WÜRZBURG.

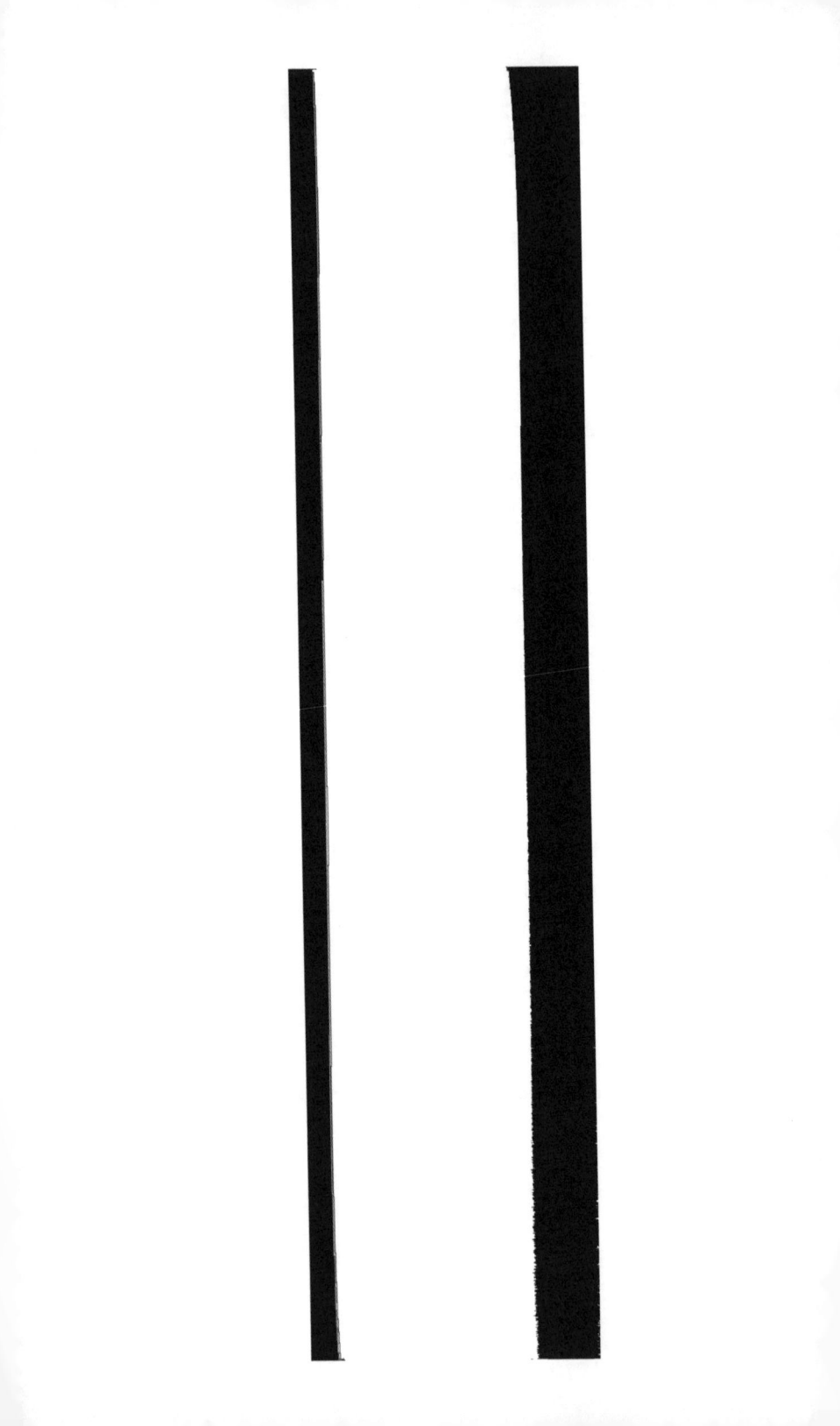

LEKACH TOB
(PESIKTA SUTRATA).

Ein agadischer Kommentar

zu

Megillat Ruth

von

Rabbi Tobia ben Elieser

zum ersten Male herausgegeben nach einer Handschrift der Münchener Hof- und Staatsbibliothek, mit Vergleichung der betr. Handschriften aus den Bibliotheken Oxford, Brit. Mus.-London (Cod. Harleian), Cambridge, Wien (Cod. Jellinek), Petersburg (Kais. Bibliothek), Parma und Rom (Cod. Casanata und Cod. Angelica) und mit Kommentar versehen.

Einleitung

Inaugural-Dissertation

zur

Erlangung der philosophischen Doctorwürde

an der Universität Leipzig

vorgelegt von

Seckel Bamberger
aus Aschaffenburg.

ANTON BOEGLER'SCHE BUCHDRUCKEREI IN WÜRZBURG.

Vorrede.

Rabbi *Tobia ben Elieser*, der Verfasser unseres „Lekach tob" betitelten Kommentares zu dem Buche *Ruth* hat unter dem gleichen Titel einen Kommentar zu dem Pentateuch[1]) und zu den übrigen 4 Megilloth geschrieben. Ueber Biographie des Verfassers, Namen des Werkes, sowie über die darin

[1]) Der Lekach tob zu den Büchern Lev. Num. und Deut ist 1546 zu Venedig erschienen und dann abgedruckt und mit einer lateinischen Uebersetzung versehen in Ungolinis thes Bd. 15 und 16. Den Lekach tob zu Gen. und Exod. hat Buber Wilna 1880 veröffentlicht und im Anschluss daran erschien eine neue Auflage des Lekach tob zu den letzten drei Büchern des Pent. durch Padua, Wilna 1880. Ausserdem hat Jellinek bei dem Kommentar des R. Samuel ben Meir zu Kohelet und Schir-haschirim und dem des R. Sam. b. Meir, Menachem ben Gelbo und Josef Karo zu den Megilloth Ester. Ruth und Echa Specimina aus dem Lekach tob zu den Megilloth und im Bet hamidrasch Tl. 5 S. 191—201 den „Segen Jakobs" nach dem Kommentar des R. Tobia mitgeteilt. Dr. Saalfeld in Mainz gab im „Magazin für die Wissenschaft des Judentums" 5. Jahrg. S. 141 ff., redigiert von Dr. Berliner und Hoffmann in Berlin, den Inhalt der Einleitung und die Erklärung der ersten Verse des Tobia'schen Kommentars zum Hohen Lied. In jüngster Zeit hat Buber auch den Lekach tob zu Megillat Esther in seinem „Sifré-d'Agad'ta" betitelten Werke veröffentlicht.

citierten und über die dasselbe citierenden Werke²) etc. etc. hat bereits der Herausgeber des Lekach tob zu Genes. und Exod., Herr *Buber* in Lemberg, in der Einleitung zu demselben, כבוא „Eingang" genannt, eingehend sich verbreitet. Ich werde daher, hierauf bezugnehmend, das Biographische

---

²) Die im Lekach tob citierten und die denselben citierenden Werke anlangend, verweise ich auf Bubers Einleitung S. 36 - 58. Ich habe hier nur noch hinzuzufügen, dass Jossipon von R. Tobia namentlich erwähnt wird in Ester 5,1 Hss München, Parma und Jellinek כת׳ בספר יוסף בן גוריון und Oxford כת׳ בספר יוסף בן גוריון שקורין אותו יוסיפוץ nicht wie Buber a a O. S כ״ב glaubt, blos Stellen aus dessen Werk ohne Nennung seines Namens. Ferner ist zu Bubers Verzeichnis noch hinzuzufügen:

a. Der Sohar, von welchem Deut. 32,4 Absch. האזינו S ם nach Padua eine Stelle entnommen ist. Es ist dies historisch von grosser Wichtigkeit, worauf schon Padua in der Vorrede zu seiner Ausgabe des Lekach tob Lev. Num. und Deut. Wilna 1880 und Deut a. a. O. Anm. 88 aufmerksam macht, indem hiermit festgestellt, dass wenigstens einzelne Teile des Sohar im 11. Jahrh. schon bekannt waren.

b Sohar hechadasch, aus welchem R. Tobia Deut. 25,7 Absch. כי תצא S. 86 (s. Einl. v. Padua und dessen Anmerkung 177 a. a. O.) und Ruth Einl. S. 3 Anm. 29 und S. 4 Anm. 39 geschöpft hat.

Der Kommentar Lekach tob des R. Tobia wird ferner citiert von:

a R. Jesaja aus Trani, der ältere (ר׳ ישעיה הראשון מטראני), — lebte im 12. Jahrh. in Italien — in seinen handschriftlich in der k. k. Hofbibliothek zu Wien Cod. No. 41 vorhandenen talmudischen Erläuterungen Blatt 40r כתוב בלקח טוב סיכן כיבהק בדנים כל שהונב שלו שום שני פצולין שלו בו (vergl. Goldenthal „die neuerworbenen handschriftl. hebräischen Werke der k. k. Hofbibliothek zu Wien" Wien 1851 S. 49 und Lekach tob Abschnitt Schemini S 60)

b. R. Isaschar Ber Aschkenasi, lebte im 16 Jahrh., in seinem Werke Matnnoth Kehunna zu Midrasch Rabba Bamidbar Parascha 1 ומצאתי בספר הנקרא פסיקתא וזוטרתי שכתוב וה״ל לטדנו שכל וכן שהיו ישראל עסוקין במלאכת הכישוב לא חסרו מהם כיום נפש א״עכ״ל

c Asulai auch im Werke Simchat haregel zum Buche Ruth S 8b und 23b (s. Lekach tob Ruth S. 4 Anm. 38 und S. 27 Anm 47.)

etc. etc. nur kurz zusammenfassen und an einzelnen Stellen meine divergierenden Ansichten denen Bubers entgegenstellen. Diesem Teile werde ich eine Abhandlung über den exegetischen Teil des Lekach tob zu Ruth, sodann Noten zum Lekach tob Ruth und diesem die Beschreibung der benützten Handschriften folgen lassen. Den Kommentar selbst an-

d. Derselbe in den Responsen Chajim Schaal, Lemberg 1886 Tl. II Abh 31, S 23d und 24d.

e. R. Menachem Asaria di Fano (gest. 1620) in seinem Werke Asara Mamaroth, Frankfurt a M 5458a m. S. 104b דביתני׳ לה בפסיקתא להדיא מדכתיב כל רביש אשר הוא חי לאפוקי נבלה (vergl Lekach tob Absch. Noach 9.3 S ד״ב)

f. R. Samuel Usida in dem Werke Igeret Schemuel, Kommentar zum Buche Ruth, an sehr vielen Stellen (s. Text S 11 Anm. 115, S. 13 Anm. 130, S. 14 Anm 143, S. 15 Anm 148 etc. etc)

g. R Joel Sirkisch in seinem Kommentar Meschib Nefesch zum Buche Ruth S. 28 (s. Text S. 24 Anm. 12)

h. Der bekannte G. R Elia aus Wilna in seinem Kommentar Eliahu Rabba zu tract Para Absch 2 Mischna 1 כדאיתא בפסיקתא הטרתי (פרשה הוקת).

i Das von R. Zidkijahu b Abraham, Arzt, in seinem Werke שבולי הלקט im Namen der Pesikta erwähnte (ה׳ מילה סי׳ ד׳) ובפסיקתא דריש אשר קידש ידיד מבטן זה אברהם שנקרא ידיד מדכתיב מה לידידי בביתי scheint nicht, wie Buber in Pesikta von Rab Kahana Einl. S. XXXV glaubt. aus der letztgenannten geschöpft, sondern wahrscheinlich aus der des R. Tobia zu Deut. 33.12 S. 128, wenn auch R Zidkijahu das Werk des R. Tobia gewöhnlich unter dem Namen Lekach tob citiert, s. Bubers Einl. zum Lekach tob S. כ״ה. Das Gleiche gilt

k. bezüglich des von Buber Pesikta v Rab Kahana a. a. O. erwähnten Citats des R. Elasar b Juda aus Worms in seinem Werke Rockeach halachoth Jom Kippur § 216 בפסיקתא בפזאת הברכה לעולם אין מחליפין זכות בחובה וחובה בזכות. Buber a. a. O. wollte hier בספרי korrigieren, es ist hier aber wahrscheinlich der Lekach tob Deut. 33,6 S. 126 hierunter verstanden, wenn es auch allerdings auffallend erscheint. dass hier der Name פסיקתא und nicht לקח טוב gebraucht ist. — Bezüglich der Benützung des Talmud Jeruschalmi seitens unseres Verfassers vergl. meine Anm. 12 zu Ruth 4,2 S. 39.

langend, veröffentlichte ich diesen nach der Hs. No 70 der kgl. Hof- und Staatsbibliothek München, die Varianten³) der Handschriften Cod. *de Rossi* No. 206 zu Parma, Cod. *Uri* No. 124 zu Oxford, Cod. No. 74 zu Cambridge, Cod. *Jellinek* zu Wien, Cod. Harleian No. 269 des Brit. Museums zu London, Cod. No. 60 zu Petersburg, Cod. S 14 der Bibliothek Casanata und A 12˙ der Bibliothek Angelica zu Rom in Anmerkungen verzeichnend⁴). In diesen Anmerkungen habe ich auch die verschiedenen Quellen aus Talmud und Midraschim, aus denen der Verfasser geschöpft hat, angegeben, auch hier die Varianten verzeichnet und zu manchen Stellen einige Erörterungen angefügt. Die Abteilung nach Kapiteln und Versen des Buches Ruth und die im Texte eingefügte Stellenangabe der citierten Bibelverse habe ich hinzugefügt und die in den citierten Bibelversen vorkommenden Schreibfehler⁵) nach dem masoretischen Texte korrigiert. — Die

³) Ich habe auch weniger wichtige Varianten notiert, um die Leser mit der Beschaffenheit der verschiedenen Handschriften genau bekannt zu machen.

⁴) Es existiert, soweit bekannt, ausserdem noch eine Hs. unseres Werkes und der andern Megilloth bei Herrn H. Scharf in Frankfurt a. M.· welche zu erlangen mir nicht gelungen ist

⁵) Die Behauptung Bubers Einleit S. ה״מ. R. Tobia habe die citierten Verse aus seinem Gedächtnisse niedergeschrieben, wodurch sich so viele Fehler darin finden, scheint mir nicht erwiesen Wahrscheinlicher ist vielmehr, dass diese Fehler von den Abschreibern der verschiedenen Handschriften herrühren, was ich daraus folgere, dass z. B. in der Hs. Oxford die in den andern Handschriften vollständig citierten Verse nur abgekürzt mit dem hinzugefügten וכו׳ oder וגו׳ angeführt werden; dass Ruth 1,6 Handschriften München und Parma das richtige וכי ראה את ענים haben gegen Oxford und Casanata, welche ענים haben; 1,13 München תייגנה, Casanata תיענינה gegen die richtige Lesart תיגנה (vergl. hierüber übrigens Anm. 168 zur Stelle); 1,17 München כה יעשה י״י לי וכה יוסיף gegen die richtige Lesart כה יעשה י״י וכה ויסיף und dgl. noch sehr viele Beispiele aus Ruth und den andern Megilloth.

Benützung der erwähnten Handschriften München. Oxford und Parma verdanke ich zunächst der wohlwollenden Unterstützung seitens des kgl. bayerischen Kultusministeriums, welches die Gewogenheit hatte, auf das Ansuchen meines Vaters und Lehrers des Herrn Distriktsrabbiners *Simon Bamberger* dahier, dieselben zur Benützung an die kgl. Schlossbibliothek Aschaffenburg zu vermitteln. Es möge mir daher gestattet sein, hohem kgl. Kultusministerium meinen ergebensten Dank für diese mir huldvollst erwiesene Begünstigung öffentlich hierdurch auszusprechen. Ebenso gestatte ich mir, meinen tiefgefühlten Dank der hochverehrlichen Verwaltung der kgl. Schlossbibliothek Aschaffenburg, dem kgl. Herrn Professor *Georg Englert* dahier, für deren ganz besonders wohlwollende Unterstützung in meinem Vorhaben, sowie den hochverehrl. Direktionen der Bibliotheken zu München, Oxford und Parma für deren gütige Mitwirkung hiemit abzustatten. In gleicher Weise zolle ich Herrn Dr. *Jellinek* in Wien, für dessen Güte, sein Manuskript auf einige Zeit mir zu übersenden, den Herren Dr. *Harkavy* in Petersburg, Dr. *Schiller* in Cambridge und *Josef Levi* in London, welche meine Abschrift der Münchener Handschrift mit den Handschriften der dortigen Bibliotheken zu kollationieren so freundlich waren, und dem Herrn *Angelo di Capua* in Rom, welcher mir eine Abschrift der betr. Handschriften aus den Bibliotheken Casanata und Angelica dortselbst besorgte, gebührende Anerkennung verbunden mit aufrichtigem Danke. Nicht minder schulde ich wärmsten Dank meinem hochgeehrten Lehrer, Herrn Dr. *Carl Bezold* in München für das ausserordentliche Wohlwollen, das mir derselbe während meiner Studienzeit angedeihen zu lassen die Güte hatte. Schliesslich spreche ich noch meinen verbindlichsten Dank aus den hochverehrl. Verwaltungen der grossherzogl. Hofbibliothek in Darmstadt und der Stadtbibliothek in Mainz, sowie auch Herrn R. N. *Rabbinovicz* in München, welche die Güte hatten, die Benützung ihrer Bibliotheken mir zu ermöglichen.

Aschaffenburg, im Monat Mai 1887

Der Herausgeber.

I.
Biographie des Verfassers.

Rabbi *Tobia ben* Rabbi *Elieser* ist der Verfasser des Lekach tob[1]) zum Pentateuch und den Megilloth, wie er zunächst seinen Namen in einem kleinen Akrostichon als Einleitung zur Genesis[2]), dessen Anfangsbuchstaben den Namen טוביהו ב"ר אליעור הזק bilden, andeutet. Ausserdem nennt sich der Verfasser selbst ausdrücklich an sehr vielen Stellen seines Kommentars zum Pentateuch[3]) und zu den Megilloth; so in Ruth 1,6 אמר אליעור ב"ר טוביהו (ודברי; 3.5 אמר טוביהו ב"ר אליעור): Hohes Lied Einleitung אמר טוביהו ב"ר אליעור; Ester Einleitung אמר טוביהו ב"ר אליעור ז"ל; Echa Einleitung אמר טוביהו ב"ר אליעור; Kohelet Einleitung אמר טוביהו ב"ר אליעור ז"ל; 12,11 טוביהו ב"ר אליעור אני משוב רבו רבי שניסון ז"ל[7]) Die in manchen Handschriften des Pentateuchkommentars

---

[1]) Der eigentliche Name unseres Werkes ist פירוש לקח טוב, nicht מדרש לקח טוב s. Zeitschrift ha'Schachar 10. Jahrg. S. 385 ff. und 495 ff. Die Bezeichnung מדרש לקח טוב findet sich erst bei Asulai. R. Salomon ben Mosche ben Alkabiz und späteren, s Bubers Einleitung S 12. Der Name פסיקתא זוטרתי erscheint erst seit der Veröffentlichung des Lekach tob zu Lev., Num. und Deut. Venedig 1546 und rührt von der falschen Erklärung der in den Handschriften befindlichen Abteilung der einzelnen Verse durch פס', welches פסוק bedeutet und irrtümlich für die Abbreviatur von פסיקתא זוטרתי gehalten wurde, s. Buber a a. O., S. 1 und ha'Schachar a. a. O. S. 497 ff (Vergl. übrigens meine Vorrede Anm. 2 i und k.)

[2]) Vergl. Lekach tob Gen. S. א

[3]) s. Buber a. a. O. S ח

[4]) Hs. Oxford רבנא טוביהו.

[5]) Hs. Harleian אליעור ז"ל

[6]) Hs Oxford וצ"ל אליעור

[7]) Dieser R Simson. der Lehrer des R. Tobia, mag wohl, wie Buber a. a. O. S. 22 vermutete, derselbe sein, den Raschi Jesaja 58,40 und Amos 6,3 erwähnt. Zunz, Gottesdienstl. Vorträge S 294 und De Rossi Cat. Codd. mos. Tl. 1 S. 133 sprechen indes von mehreren Lehrern

dem Verfasser und seinem Vater beigelegten Ehrentitel⁸)
sind, wie *Buber* richtig bemerkt, von Seiten der Abschreiber
hinzugefügt worden, denn in den Handschriften zu den Megilloth finden sich dieselben teils gar nicht, teils nur die Bezeichnung רב׳ und einmal in Hs. Oxford רבנא, was wohl
für die Beurteilung der Korrektheit der Handschriften nicht
unwichtig erscheint. Der Verfasser führt hier seine eigenen
Erklärungen, wie vorstehend bemerkt, fast stets mit אמר
טוביהו ב״ר אליעזר und die seines Vaters mit den Worten אבא
מרי ז״ל⁹), ⁱ⁰) אבא מרי ר׳ אליעזר ז״ל oder אב מרי ז״ל ¹¹) an. Bis
Buber hielt man den Vater des R. *Tobia* für identisch mit
R. *Elieser hagadol ben R. Isak* in Mainz ¹²), welcher der
Familie Abuns angehörte und ein Zeitgenosse *Raschi's* war
und glaubte, dass R. *Tobia* zu Mainz geboren und später
nach Palästina übergesiedelt sei ¹³). *Buber* beweist nun, dass

---

des R. Tobia. Buber a. a. O. bemerkt hiezu ganz richtig, dass beide wahrscheinlich den Echa 4,7 erwähnten R. Mosche, ר׳ שמעיתו מיפי ר׳ וכן משה שאמר מיפי רבי׳ טוביה ז״ל für einen zweiten Lehrer des R. Tobia halten, dass aber für diese Annahme kein Beweis erbracht werden könne. In Hs. Oxford fehlt übrigens diese Stelle.

⁸) Es finden sich solche Bezeichnungen Gen 15, 2 ורבינו ר׳ מדרש פסוק זה שמע Gen. 15, 16 אליעזר הקדוש ז״ל אב: של רבינו רטוביה: Gen. אדונינו ורבינו ר׳ טוביהו מיפי אביו רבינו אליעזר הרב הגדול וצ״קל ואדונינו הקדוש מרנא ורבנא טוביהו בן כבוד רבינו הקדוש ר׳ אליעזר וצ״ל 29,3 u. dergl. mehr. s. Bubers Einleitung S. ה.

⁹) Schir haschirim 1. 1. 23, 8 und 9: 4. 12: 5, 3: 7, 2: 8, 11.
¹⁰) Schir haschirim 4. 4. wofür Hs. Oxford ebenfalls אבא מרי ז״ל פיריש steht.
¹¹) a. a. O. 7. 5 und Kohelet Einleitung, wofür an letzterer Stelle in Hs. Oxford ebenfalls אבא und Hs. Parma אב ברי וצ״ל steht.
¹²) Cassels Angabe in seiner jüdischen Geschichte S. 237 und 257 und Steinschneiders Vermutung in Cat Bodl. S. 2674, dass R. Tobia ben Elieser zu Worms geboren sei, ist durch nichts unterstüzt und bedarf daher keiner besonderen Widerlegung. R. Elieser hält Cassel ebenfalls für R. Elieser hagadol ben Isak.
¹³) Asulai Schem hagedolim S 62, 4. Zunz zur Geschichte u Lit. Bd. 1 S 61, Gottesdienstl. Vorträge S. 293, Fürst Bibl. Judaica Bd. 3

der bekannte R. *Elieser hagadol* zu Mainz nicht der Vater
des R. *Tobia* gewesen sein könne und zwar aus folgenden
Gründen:

a. Die im Pentateuchkommentare äusserst selten vorkommende Bezeichnung des R. *Elieser* mit dem Attribut *hagadol* dürfte, falls sie auch wirklich von unserem Verfasser herrühren sollte, wie *Asulai* u. A. der Meinung waren, niemals fehlen, wenn sie auf R. *Elieser hagadol*, der nur mit dieser Bezeichnung genannt wurde, sich bezöge.

b. R. *Tobia* erwähnt nur exegetische, grammatische und homiletische Erklärungen seines Vaters; wäre sein Vater R. *Elieser hagadol*, der Tosaphist, gewesen, so hätte er ihn sicherlich auch auf halachischem Gebiete nicht unerwähnt lassen können, und hätte er auch den Vater des R. *Elieser hagadol*, also seinen vermeintlichen Grossvater R. *Isak* erwähnt, was aber beides nicht der Fall ist. Die früheren Gelehrten dagegen führen für ihre Ansicht, dass R. *Tobia* zu Mainz geboren sei, folgende Gründe an: R. *Tobia* in seinem Pentateuchkommentare Lev. 22, 23 (S ב״ם) schreibt (Mainz) ואני כתב לרות יבכן מעשה שעשו קדושי עליון קהל מגנ״צא שהרגו עצמם ואת נשיהם ובניהם ובנותירם יום אחד בפרס חג שבועות ונשחטו כאיש אחד על קידוש שם אלהי ישראל בשנת ד׳תתנ״ו לבריאת העולם בשנתנו ד׳ ישבו הארץ לעולות לרשת וישבנות עליון ולרים ועל כוכא כרב הכתוב אומר וכ׳ und in dem handschriftlich vorhandenen Kommentare zu Schir haschirim 1, 3 zum Verse: עלמות אהבך בדרך שעשו בימינו בקהלות אשכנז בשנת תדנ״ו כשנתנו ד׳ בני שעיר לעולה אל ארץ הצבי ופשטו ידהן בקהלות ונשחטו על קדושת השם׳. ferner der schon von Rappaport in seinem Toldoth hakallir Anm. 33 erwähnte Satz des R. *Tobia* in Num. Ende Schelach S. והתרגל בעל עיר קרנות בעין מנעל׃ קיי׳

Aus diesen Stellen nebst der Annahme, dass der Vater des R. *Tobia* R. *Elieser hagadol* in Mainz gewesen, ward die

S. 427, Grätz Gesch. der Juden Tl. 6. S. 172. Steinschneider Cat. Bodl S. 2674, de Rossi Mss. Cod. hebr. Tl. I S. 132 ff., Rappaport Toldoth hakallir Anm. 33.

Schlussfolgerung gezogen, dass R. Tobia ein Deutscher gewesen und in Mainz geboren sei. Für die Uebersiedelung des Verfassers nach Palästina wurden folgende Argumente angeführt: R. Tobia sucht bei jeder passenden Gelegenheit gegen die Karäer anzukämpfen, er war mit den Gebräuchen und Sitten der Muhammedaner bekannt und kannte den Kaabadienst zu Mekka [14]), hatte Kenntnis von dem ersten Kreuzzuge [15]) und erwähnt Deut. Einleitung zu Abschnitt ואתחנן א.י die Einteilung der Schemone-Esre-Benediktionen, wie solche in Palästina eingeführt war, dass nämlich — nach Einsetzung der 12. Benediktion (ברכת המינים) — die 14. und 15. (ולירושלים עירך) und דוד צמח את) zu einer Benediktion verbunden wurden, um die Zahl der 18 Benediktionen nicht zu vermehren [16]). Aus all diesen Momenten wurde gefolgert, dass R. Tobia in Palästina gelebt habe, da von all dem Erwähnten in andern Ländern nichts bekannt gewesen sein konnte [17]). *Buber* hat diese Beweisführung in gründlicher Weise widerlegt. Er behauptet zunächst, dass das Wort „Mantel" (מנטל) lateinischen Ursprungs und auch im Französischen und Italienischen[18]).vorhanden sei. dass ferner R. Tobia auch in Deutschland von den Gebräuchen und Sitten der Muhammedaner, sowie auch von den Karäern gehört haben

[14]) Lekach tob Num 21,29 Absch Chukat S 250.
[15]) Lekach tob Lev 22,28 Absch Emor S ב"ס und Num. 23,9 Absch. Balak S. 258.
[16]) s. Kommentar Nachal Eschkol von Dr. B H. Auerbach zu Eschkol halachoth Tefilla Tl. 1 Absch. 10 S. 20 Anm. 1. Halberstadt 1867.
[17]) Zunz, Gottesdienstl. Vorträge S. 203, Grätz Gesch. der Juden Bd. 6 S. 172, Steinschneider Cat. Bodl. S. 2674. Fürst Ozar hasefarim Bd. 3 S. 427, Literaturblatt ha'Schachar a. a. O.
[18]) Es ist dies das Lateinische mantellum, das französische mantelet und italienische mantèllo: auch im Spanischen findet sich dieses Wort in dem manteleta, Mantelete und mantellina. Das arabische مَنْطِيل und äthiop. ᎣᎻᏛᎳ (mantil) ist aus mantile entstanden. s Sieg. Fränkel „die aramäischen Fremdwörter im Arabischen" 1886 S. 61 N. 2 und S. 139.

könne, wie dies auch bei anderen Gelehrten wie *Saadia, Kallir, Ibn Esra* u. a. der Fall gewesen. Auch die von *R. Tobia* citierte palästninensische Einteilung der Schemone-Esre-Benediktionen beweise nicht, dass er in Palästina gelebt habe, da ja *R. Tobia* diese aus dem Werke Halachoth Gedolath halach, Berachot Abschnitt 5 geschöpft haben könne [19]). *R. Tobia* lebte vielmehr, wie dies mit zuverlässiger Sicherheit aus der Einleitung des Maskoni zu seinem Kommentar [20]) zum Pentateuchkommentare des *Ibn Esra* und dem Kommentar des *R. Menachem Thamar* [21]) zum *Ibn Esra* zu ersehen ist, in Kastoria in Bulgarien [22]), und *Ibn Esra* verstehe unter den Gelehrten Griechenlands, deren Erklärungsweisen er in der Vorrede zu seinem Kommentar tadelt, ebenfalls den *R. Tobia* und dessen Schüler *R. Meier*, Verfasser eines dem Lekach tob ähnlichen Werkes unter dem Titel אך עינים. So richtig auch *Buber's* Ansichten in dieser Hinsicht sind, so sehe ich doch nicht ein, weshalb er es für eine Unmöglichkeit oder doch wenigstens für unerwiesen [23]) erachtet, Mainz für den Geburtsort des *R. Tobia* zu halten. Gerade die oben und auch von *Buber* a. a. O. citierten Stellen des Lekach tob Lev. 22, 23 und Schir haschirim berechtigen zur Annahme, Mainz als den Geburtsort des *R. Tobia* anzusehen. Denn, während *R. Tobia* an letzterer Stelle nur im Allgemeinen das unsern

[19]) Ebenso kann R. Tobia aus Tosefta Berachoth Ende des 3 Abschnittes geschöpft haben. Buber a. a. O. S. 20 hat jedoch unrichtiger Weise behauptet, dass im Talmud Jeruschalmi die Verbindung der 14. und 15. Benediktion (ולירושלים ירך und צמח דד) nicht vorkomme, denn es ist dieselbe Jeruschalmi Berachoth, Absch. 4 Mischna 3 erwähnt.
[20]) Handschriftlich vorhanden bei Herrn S. H. Halberstamm in Bielitz, s. Buber Einl. S 20.
[21]) Hs Cod. Warner 29 f 4 in Parma, s. Steinschneiders Cat Bodl S. 2674 und Buber a. a. O
[22]) s. Karpeles Gesch. der Jüd Lit I S. 566.
[23]) s. Literaturblatt ha'Schachar 10. Jahrg S. 497 ff.

Glaubensgenossen in den verschiedenen Städten Deutschlands widerfahrene Drangsal während der Zeit des ersten Kreuzzuges erwähnt, hebt er an erster Stelle gerade Mainz insbesondere hervor und zwar mit solchen Worten, die auf ein näheres Verhältnis des Verfassers zu dieser Stadt schliessen lassen. Dass aber *R. Tobia* auch nicht ein einziges Mal eine Anspielung über die Art und Weise seiner Errettung aus diesem Unglück und seiner Uebersiedelung nach Bulgarien macht, dürfte wohl kein Gegenbeweis sein, wie *Buber* glaubt. Weshalb hätte denn der Verfasser gerade Mainz besonders erwähnen sollen und zwar mit den Worten ואני כותב לחיות זכרון קדושי שעשו קדושי עליון קהל מגנצא, da doch auch in anderen Städten Deutschlands, wie Speier, Worms, Köln etc. das gleiche Schicksal die Juden getroffen hatte und auch in diesen viele derselben sich freiwillig teils selbst das Leben nahmen, teils eines Märtyrertodes starben, um in dem Glauben ihrer Väter zu verharren [24]). Dass dies aber unserem Verfasser wohl bekannt war, geht aus der angeführten Stelle Schir-haschirim 1, 3 deutlich hervor. Die genaue Zeitkenntnis des Ereignisses zu Mainz שנמסרו עצמם ואת נשיהם ובניהם ובנותיהם ביום אחד בפרס הג שבועית aber lässt auf eine Anwesenheit des Verfassers in Mainz schliessen[25]). Es dürfte daher mit aller Wahrscheinlichkeit Mainz als die Geburtsstätte des *R. Tobia* und, was alsdann von selbst hieraus folgt, *R. Elieser* als Einwohner dieser Stadt zu halten

[24]) S. Insbesondere hierüber Moses Mannheimer „die Judenverfolgung in Speier, Worms und Mainz im Jahre 1096" S. 14 27. Grätz Gesch. der Juden Bd 6 Note 5, Jellinek. Kontras Tatnu (zur Gesch der Kreuzzüge) Lpz. 1854 S. 4 ff

[25]) Unter בפרס הג השבועית ist hier sicherlich der dritte Siwan 25. Mai 1096 verstanden, da am 1. Siwan der grausame tyrannische Emicho, Graf von Leiningen, mit einem grossen Heere vor der Stadt Mainz ankam, während am 3. Siwan das Blutbad stattfand, s hierüber Moses Mannheimer „Judenverfolgung u. s. w." S. 22 ff., Sybel Geschichte des ersten Kreuzzuges S. 245, Grätz Geschichte der Juden Bd. 6, Note 5 S 569 ff.

sein [26]), und dass später erst R. *Tobia* nach Kastoria in Bulgarien ausgewandert ist. Dass aber dieser R. *Elieser* auch wirklich der mit dem Beinamen hagadol bekannte R. Elieser sei, ist aus den oben angeführten Gründen nicht wahrscheinlich und lässt sich über den Vater des R. *Tobia* nach dem Stande unserer heutigen Quellen nichts weiter feststellen, als dass er zu Mainz gelebt habe[27]).

Ueber die Lebenszeit des R. *Tobia* können wir mit *Buber* nur so viel mit Bestimmtheit behaupten, dass er um das Jahr 1096 (תתנ״ו) an seinem Werke arbeitete und 1108 (תתס״ח) noch lebte[28]), da er Lev. 22, 33 (S. ס״ב) und Schir haschirim 1, 3 das Jahr 1096, Exod. 12,40 das Jahr[29]) 1108 erwähnt, und ist daher die Geburtszeit des R. *Tobia* wohl zwischen 1030 und 1060 anzusetzen [30]). Von den übrigen Lebensereignissen des R. *Tobia* ist uns sehr wenig bekannt. Seinen Lehrer R. *Simson* erwähnt er nur einmal in Koheleth 12. 11; s. oben Anm. 7. — Ob R. *Tobia* Nachkommen hinterlassen hat oder nicht, ist nicht bekannt. Die Unrichtigkeit der Angabe, dass er einen Sohn namens R. *Simson* (ר׳שש״י) gehabt, welcher der Schwiegersohn des R. *Abraham* b. *Nathan* und der Schwager des R. *Joel*

---

[26]) s. Zunz Literaturgesch. der syn. Poesie S. 257.

[27]) s. Zunz Literaturgesch. der syn. Poesie a. a. O. Fürst Bibl. Judaica Bd. 3 S. 427 nennt unsern R. Elieser, den er ebenfalls für den R Elieser ben Isak — הגדול — hielt, einen Tosaphisten, Schriftsteller und Rabbiner. Wir können diesem vorerst nur darin beistimmen, dass R Eliser, der Vater des R. Tobia, ein sehr bedeutender Gelehrter gewesen sein muss, wie dies aus den unzähligen Erklärungen zu ersehen, die unser Verfasser im Namen seines Vaters insbesondere in den Megilloth anführt.

[28]) s. de Rossi Dizinario II S. 150, Fürst Gesch. des Karäertums Bd. 2 S. 82 No 620 und dessen Bibl Judaica 3. Bd. S. 127

[29]) In der Petersburger Handschrift, s. Buber Einleitung S. ־.

[30]) s. Bubers Einl zu Tanchuma S 47 gegen dessen Ansicht in der Einl. zur Pesikta de-Rab Kahana S. VIII, woselbst er die Ansicht ausspricht, dass R Tobia zu Anfang des 9. Jahrh zu Mainz gelebt habe.

halleri gewesen sei, wurde von *Buber* Einl. S. ט wiederholt nachgewiesen, nachdem auch *Zunz* in seinem „Zur Geschichte und Literatur" 1. Band S. 205 seine früher gehegte Ansicht in den gottesdienstlichen Vorträgen S. 293 widerrufen hat; auch *Dr. B. H. Auerbach* in seinem Berith Abraham, Frankfurt a. M. 1860 S. 17 Anm. hat nachgewiesen, dass רשב"ם nicht *R. Simson b. Tobia*, sondern *R. Samuel b. Natronaï* gelesen werden muss. — Als Schüler des *R. Tobia* ist nur der oben erwähnte *R. Meir* zu Kastoria, der Verfasser eines dem Lekach tob ähnlichen Werkes unter dem Titel „Or Enajim" bekannt und als solcher von *Maskoni* bezeichnet [31]).

II.

Exegetisches und Lexikalisches aus dem Kommentar Lekach tob zu Ruth.

Plan und Methode des Lekach tob zum Pentateuch hat *Buber* Einl. S. 25—36 ausführlich besprochen. Das dort Gesagte gilt auch bezüglich des Lekach tob zu den Megilloth. Ueber den exegetischen Wert des Werkes haben im Ganzen und Grossen fast sämtliche Gelehrten in gleicher Weise geurteilt. *Zunz* „zur Geschichte und Literatur" 1. Bd. S. 61 schreibt: „In diesem Werke kämpft der Midrasch mit der Hermeneutik", S. 195 „selbst bei dem stark vom Midrasch abhängigen *Tobias ben Elieser* verspürt man ein Bewusstsein von der Macht des natürlichen Wortsinnes, worauf ihn schon der Kampf mit den Karäern einzugehen nötigte", S. 108 „Spuren von grammatischen Studien sind auch in R. *Tobias* Lekach tob sichtbar". S. 566 „im Lekach tob ms. zu den Megilloth excerpierte *Tobia*, die betr. Eingänge und Einzelnes abgerechnet, nur den Midrasch" und

---

[31]) s. Bubers Einl. zum Lekach tob S. 20. Magazin für Wissenschaft des Judentums Jahrg 3 S. 6. Steinschn. Cat. Bodl. S. 2674.

in den „Gottesdienstlichen Vorträgen" S. 293 f. „sein Werk Pentateuch und Megilloth ist halb Kommentar und Hagada, grossenteils aus älteren Werken, namentlich dem Sifra, Sifri zu den letzten drei Büchern des Pentateuch und hinsichtlich der übrigen Bücher aus Tanchuma und andern dahin gehörenden Hagadas geschöpft[1])".

Mit diesen wenigen Sätzen hat *Zunz* den Wert und die Tendenz unseres Werkes richtig beurteilt. R. *Tobia* hat grossenteils die Midraschim geordnet und Fragmente aus manchen uns verloren gegangenen Midraschim aufbewahrt, aus welchem Grunde allein schon seine Werke für uns Spätgeborenen, wie *Jellinek* a. a. O. sich ausdrückt, sehr wertvoll sind; doch hat er auch ziemlich viel Neues sowohl von sich, als auch von seinem Vater und anderen Autoren mitgeteilt[2]), und steht so zwischen Midrasch und Exegese[3]). R. *Tobias* Exegetik ist besonders interessant im Kommentar zu den Megilloth, und excerpiere ich im folgenden, unter Angabe der Seite des Kommentars, das Exegetische, Lexikalische und grossenteils auch das Hagadische der Einleitung und des ersten Kapitels des Lekach tob zu Ruth, Erörterungen daran knüpfend.

Einleitung des Lekach tob zum Buche Ruth.

S. 2. *Elimelech, Machlon* und *Kilion* zählten zu den Angesehensten ihres Zeitalters. Wegen der im Lande Israel herrschenden Hungersnot zogen sie nach dem Lande Moab,

---

[1]) s. ferner Bubers Einl. S. 58 ff., Seder hadoras Karlsruhe 5529 a. m. S. 175a und Wolf Bibl. hebr. I Nr. 654 S 391, welche letztere den Lekach tob ebenfalls unter den Namen פסיקתא זוטרתי anführen und nur den zu den letzten 3 Büchern des Pent kannten. Ben Jakob im Ozar hasefarim No 970, Fürst Bibl. Judaica Bd 3 S. 427. Jellinek Bet hamidrasch Einl. zum 5. Tl. S. 43. Magazin für Wissenschaft des Judentums 5. Jahrg. S. 141 ff. und die bei Buber angeführte Literatur.

[2]) Buber im Literaturblatt ha'Schachar 10 Jahrg. S. 497 ff.

[3]) Cassel Jüd. Geschichte S. 227, Jellinek a. a. O.

um dem Andrange der zahlreichen Hilfsbedürftigen zu entgehen. Deshalb traf sie die göttliche Strafe; sie starben im Lande Moab und ihr Vermögen ging zu Grunde. — Letzteres erschliesst R. Tobia aus 1,21.

S. 3. Die Hungersnot zur Zeit der Richter war göttliche Bestrafung des Volkes wegen der Sündhaftigkeit jenes Zeitalters.

S. 3. „Die Auswanderung *Elimelechs* und seiner Söhne nach dem Lande Moab erfolgte nach dem Tode der *Debora* und des *Barak*, zur Zeit als durch die Raubzüge der Midjaniten — Richter 6,1—6 — Hungersnot im Lande Israel enstanden war." R. *Tobia* acceptiert demnach die Ansicht des Rab in Mid. Rabba Ruth Parascha 1 gegen die Ansicht R. *Josua ben Levi's* dortselbst, nach welcher dieselbe zur Zeit des *Samgar* und *Ehud* stattgefunden habe; vergl. auch *Raschi* z. Stelle und meine Anm. 37 zur Einleitung. R. *Tobia* nimmt nämlich, unter Berücksichtigung der Richter 6,1—6 erwähnten Raubzüge der Midjaniter, mit Midrasch Ruth an, dass dieses ויהי בימי שפט השפטים Ruth 1,1 nicht eine allgemeine Zeitbestimmung ist, sondern die nähere Bestimmung ausdrücke, dass es zu einer Zeit gewesen sei, als zwei Richter zu gleicher Zeit richteten und dies seien *Debora* und *Barak*. Von den christlichen Exegeten entscheiden sich in gleicher Weise für die Annahme, dass diese Begebenheit mit der Zeit der midjanitischen Raubzüge zusammenfalle, *Riegler* das Buch Ruth Wzb. 1812 S. 6 ff., *Jahn* Bibl. Arch. II Bd. I S. 105, *Dereser* die heil. Schriften 2. Bd. 1. Th. S. 253, *Hengstenberg* Auth. des Pent. II S. 111 und *Keil* Ruth S. 360, gegen *Flav. Josephus* Arch. 5 Buch 11 Kap und nach ihm *Westermayer* „das alte Test. und seine Bedeutung" 3. Bd. S. 4, welche ohne Grund diese Begebenheit in die Zeit *Elis* setzen, vergl. auch *Rosenmüller* Ruth Vers 1 und *Bleek* Einleitung in das A. T. 3. Auflage S. 354. *Bertheau* Ruth S. 285, *Auberlen* in Stud. und Krit. 1860 S. 539, *Orelli* in Herzogs Real-Encyklopädie 13. Bd. S. 144

und *Winer* bibl. Realwörterbuch S. 342 wollen aus der Genealogie am Ende des Buches den Schluss ziehen, dass diese Begebenheit etwa 100 Jahre vor David stattgefunden habe, und diese Ansicht dürfte durch folgendes zu begründen sein. Nach Talmud tract. *Baba Batra* 91a, wonach *Boas* und der Richter *Ibzan* ein und dieselbe Person, ist genau nachzuweisen, dass der Auszug des *Elimelech* zu der Zeit stattfand, als die Söhne *Ammons* die Kinder Israels bekriegten. Durch einen 18jährigen Krieg gegen Juda, Benjamin und Efrajim musste sicherlich Hungersnot im Lande entstehen *Richter* 10,8 und 9. *Elimelech* mag nun zur Zeit des *Jefta* ausgewandert sein und während resp. Ende der Richterzeit des *Ibzan* kamen *Noomi* und *Ruth* wieder zurück und *Boas* d. i. *Ibzan* heiratete die *Ruth*.

Hiermit sind alsdann die Zeitangaben im Buche *Richter* mit der Angabe 1. Kön. 6,1, dass die Erbauung des Tempels im Jahre 480 nach dem Auszuge aus Egypten stattgefunden habe, in folgender Weise in Einklang zu bringen[4]). Die Zeit der Richter resp. Könige *Othniel* 40, *Ehud* 80, *Debora* 40 *Gideon* 40, *Abimelech* 3, *Tola* 23, *Jair* 22, *Jefta* 6, *Ibzan* 7, *Elon* 10, *Abdon* 8, *Simson* 20, *Eli* 40, *David* 40 und *Salomon* 4 Jahre bis zum Tempelbau mit den 40 Jahren des Zuges durch die Wüste beträgt im Ganzen 423 Jahre und ist mit *Abarbanel* 1 Sam. 13,1 und nach ihm *Nöldeke* Untersuchung zur Kritik des A. T. 1869 S. 191 ff. anzunehmen, dass die im Buche *Richter* erwähnten Jahre der Fremd- und Gewaltherrschaft in den Jahren der Richter eingerechnet sind[5]), nur dass sämtliche Angaben der Fremd-

---

[4]) Die verschiedenen chronologischen Berechnungen über diesen Punkt und insbesondere die verschiedenartigen Angaben über die Jahre des Josua, Saul und Samuel, s Bertheau Richter S. XI ff. lasse ich hier unberücksichtigt, da solche grösstenteils auf Hypothesen beruhen. vergl. auch Abarbanel 1. Sam. 13,1.

[5]) Dieser Annahme gemäss ist auch einleuchtend, weshalb von einigen Richtern nur die Zeit ihres Richtens etc. etc. angegeben wird,

herrschaft[6]) wie sie im Buche *Richter* aufgezählt sind, nicht berechnet werden dürfen. Von der Wegnahme der Bundeslade seitens der Philister, d. i. vom Tode *Eli's* und dem Beginn der Richterzeit *Samuels*, bis zum Tode *Sauls* sind nur etwas über 13 Jahre s. Talmud tract. Sebachim 118b, *Raschi* 1 Sam. 1.22, Maimonides hal. bet habechira 1. 2 u. 3. wie dies mit den verschiedenen Angaben im Buche *Samuel* und zwar 1 Sam. 4,17 und 18; 6,1; 7,2; 2 Sam. 6,2 und 3; 2,11 und 5,4 zu beweisen ist. Wir haben somit eine Zeit von 436 Jahren, die laut bibl. Angaben zu belegen sind, und es bleibt nur noch ein Rest von 44 Jahren, den wir für die Regierungszeit des *Josua* und der ihm folgenden Aeltesten und des *Samgar* ohne jegliche Schwierigkeit anzusetzen berechtigt sind. Demnach wären von *Ibzan* bis zum Tempelbau 142 Jahre und damit übereinstimmend ist die Angabe des Talmud, dass unsere Begebenheit in die Zeit *Ibzans* fällt. *David* war nämlich bei seinem Regierungsantritte 30 Jahre alt (2 Sam. 5,4), sohin nach unserer Berechnung von *Ibzan* d. i. *Boas* bis zur Geburt *Davids* 112 Jahre sind, ein Zeitraum, der für drei Geschlechter ohne Bedenken anzunehmen, keinesfalls aber ist in der genealogischen Reihenfolge *Obed*, *Isai*, *David* eine Lücke zu vermuten.

S. 4. „Wer schrieb das Buch Ruth? Unsere הכמים sagen im Talmud tract. Baba Batra 14a *Samuel*, der Seher, schrieb sein Buch (das Buch Samuel), das Buch Richter und das Buch Ruth". Diese von nichtjüdischen Gelehrten vielfach erörterte Frage über Verfasser und Abfassungszeit dieser heiligen Bücher hat die verschiedensten Hypothesen

da ihre Richterzeit in die Zeit der Fremdherrschaft fällt und somit keine hervorragenden Thaten derselben zu verzeichnen waren. — Die Angabe Richter 11,26 darf chronologisch nicht berücksichtigt werden, da hier nur eine runde Zahl angenommen ist, vergl. auch Abarbanel a. a. O. und Nöldeke a. a. O. Die übrigen Ansichten Nöldekes müssen als Hypothesen zurückgewiesen werden

[6]) Wir finden aber keinen hinreichenden Grund, mit Nöldeke a. a. O. die Jahre des Abimelech auch als Fremdherrschaft zu betrachten.

zu Tage gefördert. Wir gehen hier auf die einzelnen Hypothesen nicht näher ein. Bezüglich des Buches *Ruth* schreibt schon *Reuss* Einl. S. 294, dass die verschiedenen Argumente, die zur Beweisführung der verschiedenen Hypothesen bezüglich der Abfassungszeit des Buches *Ruth* herbeigebracht wurden, sich gegenseitig aufheben. Dagegen kann gegen die Behauptung des Talmud, der sich auch *R. Tobia* anschliesst, ein stichhaltiger Einwand selbst vom Standpunkte des Kritikers nicht vorgebracht werden. Dass das Buch Richter von *Samuel* herrühre, halten schon *Dereser* Einleitung zum Buche Richter § 4 S. 124 und *Jahn* Einleitung 2. Tl. § 24 für wahrscheinlich, womit auch *Keil* Richter S. 115 in Einklang zu bringen ist.

Bezüglich der Abfassung des Buches *Samuel* durch *Samuel* lässt sich wiederum nichts gegen die Tradition des Talmud vorbringen, da ja nach Talmud Baba Batra 15a *Samuel* nur die Geschichte bis zu seinem Tode geschrieben habe, der übrige Teil des Buches aber durch die Propheten *Gad* und *Nathan* vollendet worden ist. Für unsere Aufgabe genügt es in folgendem hier festzustellen, dass der talmudischen Tradition über die Abfassung des Buches *Ruth* durch *Samuel* nichts entgegengestellt werden kann. Zugestandenermassen kann das Buch *Ruth* nicht vor der Regierung *Davids* niedergeschrieben worden sein; nach *Segond* und *Scholz* ist solches zur Zeit der Regierung *Davids* abgefasst, und *Delitzsch* Jesaja Einleitung in die profetischen Weissagungsbücher des A. T. S. VIII hält ebenfalls *Samuel* für den Verfasser unseres Buches. Nach *Rosenmüller* Scholia in Vetus Test. Ruth S. 430 könnte *Samuel* der Verfasser sein; nur das eine steht seiner Ansicht nach dieser Annahme entgegen, dass 4,8 der Vorgang der חליצה so genau beschrieben ist, was wohl darauf schliessen lasse, dass diese Vorschrift nicht bekannt gewesen sei. Dieser Einwand aber ist nicht von Belang, da hier, wie ich weiter unten nachweisen werde, nicht von dem eigentlichen Akt der Chaliza die Rede ist, was *Rosenmüller* selbst bemerkt zu haben scheint, s. dessen Auslegung zu V. 11 S. 443. Für eine jüngere Abfassungszeit sprechen sich *Jahn, Eichhorn, Hävernick, Ewald, Bertholdt, Bleek, de Wette* u. a. aus. Die Hauptargumente, die für diese jüngere Abfassungszeit beigebracht werden, sind: 1. die Zeitbestimmung ויהי בימי שפט השפטים Ruth 1,1 setzte voraus, dass zur Zeit der Abfassung schon lange Könige regiert hätten. 2) Der Gebrauch, den Verkauf durch Ausziehen der Sandalen zu bekräftigen Ruth 4,7. sei schon so veraltet gewesen, dass der Verfasser ihn zu erklären nötig hatte. 3) Der Verfasser kenne den Namen des nächsten Verwandten nicht mehr und bezeichne ihn daher als פלני אלמני Ruth 4,1. 4) Die chaldaisierenden Ausdrücke wie מרא, die 2 P. f. mit י etc. Diese sämtlichen Argumente aber lassen sich folgendermassen widerlegen. Der Ausdruck ויהי בימי שפט השפטים weist allerdings darauf hin, dass zur Zeit der Abfassung keine Richter mehr regierten, keinesfalls aber, dass die Richterzeit **schon lange** aufgehört hatte, also auch nicht, dass **schon lange** Könige in Israel regierten, ebenso wenig wie das von den meisten Bibelkritikern für die spätere Abfassungszeit des Buches Richter oder einzelner Teile desselben beigebrachte בימים ההם אין מלך בישראל Richter 17,6; 18,1; 19, 1 und 21,25 als Beweis gelten kann, da hieraus nicht zu erschliessen, dass die Abfassung **lange Zeit** nach der Regierung der Könige erfolgt sei [7]). Die Erklärung des Gebrauches, den Verkauf durch Ausziehen der Sandalen zu bekräftigen, hat ebenfalls

---

[7]) Auch das für die spätere Abfassung beigebrachte Argument Richter 18,30 עד גלות הארץ beweist nichts, da dieses הארץ auf die zur Zeit Elis erfolgte Wegnahme der Bundeslade durch die Philister sich bezieht, welche einer Wegführung der Bewohner des Landes gleichkam, vergl. Abarbanel Richter a. a O., welcher Ansicht auch Hävernick, Hengstenberg und v. Gerlach sind; Auberlen „die drei Anhänge des Buches der Richter" in Stud. und Krit. 1806 S. 516 bekämpft wohl diese Ansicht, doch vermochte er nichts Stichhaltiges dagegen zu erbringen.

keine Beweiskraft, da ja der Verfasser nicht blos für seine Zeit, sondern auch für spätere Zeiten schrieb, in welchen dieser Brauch ausser Uebung gekommen. Abgesehen davon aber ist, da, wie nach unserer obigen Ausführung dargethan, die Auswanderung Elimelechs in die Zeit Jeftas zu setzen sei, von da bis zum Regierungsantritte Davids ein Zeitraum von mindestens 100 Jahren, eine Zeitdauer, in welcher dieser Gebrauch wohl in Vergessenheit gekommen sein konnte und dessen Erklärung daher nötig war. Allerdings ist nicht festzustellen, bis zu welcher Zeit diese Art und Weise der Bestätigung einer Besitznahme bestanden hat, keinesfalls aber ist, wie *Bertheau* S. 287 glaubt, aus Jeremias 32,7 ff. erwiesen, dass sie zur Zeit Jeremias noch in Uebung war. Das dritte Argument, der Verfasser des Buches habe den Namen des nächsten Verwandten nicht mehr gewusst und deshalb ihn mit פְּלֹנִי אַלְמֹנִי bezeichnet, an und für sich schon nicht beweiskräftig, wird nach der Erklärung des Mid. Rabba Ruth Parascha 6 und der des *R. Tobia* Kapitel 3,12 und 4,1, wonach der Namen des nächsten Verwandten Tob (אָב יִגְאַל טוֹב Ruth 2, 13 *) gewesen und nur aus besonderer Rücksicht dessen Namen in der Folge der Begebenheit nicht deutlich genannt wird, vollends hinfällig. Die chaldaisierenden Ausdrücke etc. endlich können, wie in Anmerkung zu Note 5 dieser Schrift bezüglich der abnormen Schreibweisen ausgeführt, ebenfalls nicht als Beweis für eine jüngere Abfassung gelten. Auf die Unzulänglichkeit des letzten Arguments haben, wenn auch aus anderem Grunde, auch *Rosenmüller* a. a. O. und *Bleek* Einl. S. 356 hingewiesen. Demgemäss erscheint alles gegen die obenerwähnte talmudische Tradition Vorgebrachte widerlegt und auch der chronologische Inhalt der Bücher Richter, Samuel und Ruth unterstützt diese Tradition. Im Buche Richter nämlich erzählt Samuel die Geschichte der Richterzeit, die Geschichte

---

*) s. Text S. 34 Anm. 47.

Elis bis zu seinem, Samuels, Tode im Buche Samuel fortsetzend, während er in seinen lezten Jahren die Geschichte der Abstammung Davids in einem besonderen Buche — Ruth — niederlegt. „Nur wenn das Buch Ruth vorausging" schreibt *Bleek* Einleitung S. 357, „macht das Fehlen einer Genealogie von David in 1. Samuel keine Schwierigkeit," während wir behaupten, **nur wenn das Buch Ruth und das Buch Samuel einen Verfasser haben und zwar Samuel als solchen, macht das Fehlen einer Genealogie von David in 1. Sam. keine Schwierigkeit.**

S. 4. Zweck und Tendenz des Buches Ruth sind nach *R. Tobia*: erstens in genealogischer Hinsicht die edle Abstammung Davids festzustellen. (Einl. S. 4.) und zweitens nach den Worten des *R. Seïra*, „diese Megilla enthält keine Vorschriften über rein und unrein, erlaubt und verboten, sondern sie ist geschrieben, dich zu belehren, in welcher Weise Tugend und Wohlthätigkeit belohnt wird (Kap. 1,9 S. 15.)" Den ersten Zweck nehmen auch an *Rosenmüller* Scholia in Vetus Test. Ruth S. 429 ff., *Michaelis* Bemerkungen zum Buche Ruth S. 201, *Eichhorn* Einleit. II. S. 442, *Dereser* Ruth S. 252, *Göthe* westöstl. Divan 6 Bd. der Cotta'schen Ausgabe S. 7, *Bleek* Einl. S. 354, *Orelli* in Herzogs Real-Encyklopädie 13. Bd. S. 142, *de Wette-Schrader* Einleitung S. 394, *Delitzsch* Jesaja Einleitung in die profetischen Weissagungsbücher des A. T. S. VIII, *Keil* Ruth S. 359 und 362, *Bertheau* Ruth S. 283, und dies ist die allgemeine Auffassung, s. *Reuss* Einl. S. 296 und *Bertheau* a. a. O. Beide Zwecke erwähnen *Joh. Christ. Wil. Augusti* Einleitung, Leipzig 1806 S. 234 und *Riegler* das Buch Ruth S. 2, und nur den zweiten [9]) *Dahlberg* Grundsätze der Aesthetik S. 110, *Niemeyer* Charakteristik der Bibel S. 531 ff. und *Umbreit* „über Geist und Zweck des Buches Ruth" in theol. Stud. u. Krit. 1834

---

[9]) Vergl. auch den Kom. des R. Josef Karo, ed v. Jellinek Lpz. 1855 S. 23.

S. 307 und 308. Auf die Unrichtigkeit der Behauptung *Reuss* a. a. O. S. 295, das Buch Ruth verfolge einen politischen Zweck haben schon *Orelli* a. a. O. und *Bertheau* a. a. O. hingewiesen. Mit gleichem Rechte verwerfen *Rosenmüller* a. a. O., *Reuss* a. a. O. S. 297, *Bleek* Einl. S. 355, *Bertheau* S. 283, *Winer* bibl. Realwörterbuch S. 341 und 342 u. a. die Ansicht *Bertholdts* und *Benarys* (de hebraeorum leviratu Berlin 1835 S. 30), wonach das Buch Ruth die Empfehlung der Leviratsehe bezwecken wollte, da ja hier nicht die wirkliche Leviratsehe vorliegt, sondern „das Einlösungsrecht" mit welchem der fromme Brauch verbunden war, dass der Einlöser die Frau des Verstorbenen heiratete. Denn, Boas war nicht der Bruder des Machlon, sondern nach jüdischer Tradition dessen Vetter, s. Text S. 34. Anm. 47 u. S. 38, sowie auch *Baumgarten* „Uebersetzung der allgem. Welthistorie" 3. Tl. § 165 Anm. Auch war es nicht Ruth, welche dem Almoni den Schuh auszog, wie dies bei dem Weigerungsakte einer Leviratsehe hätte geschehen müssen, s. Deut. 25,9, und hätte ferner nach erfolgtem Akte der wirklichen Chaliza die Vollziehung der Leviratsehe seitens eines anderen Verwandten resp. Bruders gar nicht stattfinden dürfen, s. tract. Jebamoth Abschn. 4 Mischna 7. — Auch *Michaelis* S. 202 wendet sich gegen diese Ansicht, und haben *Michaelis* und *Dereser* darin Recht, dass die Leviratsche, bevor sie noch von der Thora als Gebot eingesetzt, und zwar die Leviratsche im weiteren Sinne in Israel als frommer Brauch eingeführt war, vergl. Mid. Rabba zu Gen. Parascha 87 und Nachmanides Gen. 38,8. — Der Zusatz der Petersburger Handschrift am Ende des Textes zählt folgende 7 Lehren auf, welche der Megillat Ruth zu entnehmen sind:

1) Die Hungersnot zur Zeit der Richter belehrt dich darüber, dass (2. Könige 10,10) „nichts zu Boden fällt vom Worte des Ewigen," das heisst, dass Gottes Worte und Verheissungen sichtbar in Erfüllung gehen. Als

Israel nämlich von Gott sich abgewendet und dem Götzendienste verfallen war, erfüllte Gott seine drohende Verheissung „und er wird verschliessen den Himmel und es wird kein Regen sein (Deut. 11,17)".

2) Die Begebenheit der Auswanderung Elimelechs nach dem Lande Moab infolge der Hungersnot, gleich welchem noch viele andere ausgewandert, obwohl dies im Buche Ruth nicht erwähnt ist, zeigt die Erfüllung der Verheissung Lev. 25,19 „ihr werdet sicher in eurem Lande wohnen", wenn Israel die Gebote Gottes erfüllen wird.

3) Die Söhne Elimelechs heirateten moabitische Weiber, nachdem dieselben zuvor zum Judentum übergetreten waren [10] u. s. w.

4) Man muss denjenigen, mit welchem man in nähere Verbindung zu treten und der sich dem Volke Israel anzuschliessen gesonnen ist, zuvor genau prüfen, ob seine Absichten rein und edel sind, ebenso wie dies Noomi Ruth und Orpa gegenüber that.

5) Obwohl das Zeitalter der Richter im Allgemeinen sehr sündhaft war, so hatte es doch auch viele fromme, edle und gottesfürchtige Personen aufzuweisen.

6) Man muss tugendhafte, aus reinen Absichten zum Judentum übertretende Personen liebend in die Gemeinde aufnehmen und trösten, wie dies Boas Ruth gegenüber that.

7) Sollen wir aus dem Buche Ruth die edle Abstammung Davids erkennen.

Kapitel I

S. 6, V. 1 des Textes:

Fünfmal steht der Ausdruck ויהי בימי, Gen. 14,41; Ruth 1,1; Jesaja 7,2; Jeremja 1,3 und Ester 1,1 und an all diesen Stellen befindet er sich bei der Mitteilung eines unheilvollen Ereignisses. — R. Tobia benützt hier die haga-

---

[10]) Vergl. Lekach tob Ruth S. 11 und Anm. 115 und S. 48 Anm. 6.

dische Erklärung des Wortes ויהי als eine Zusammensetzung des chald. וי mit dem verkürzten היה, wonach also der Sinn wäre וי היה ביטי Wehe war in den Tagen, vergl. *Levy's* chaldäisches Wörterbuch über die Targumin V. ויד.

S. 6 u. 7. שפט השפטים des Richtens der Richter erklärt *R. Tobia* in zweifacher Weise. Nach der ersten Erklärung hätte es den Sinn, dass das Volk dem Richterspruche nicht nur sich nicht unterwarf, sondern wider die Richter sich erhob und so gleichsam seine Richter richtete. Nach der zweiten Erklärung bezieht es sich auf die Richter selbst, dass diese nämlich ihrer Mangelhaftigkeit halber selbst gerichtet zu werden verdient hatten עדין צריכין להשפט, vergl. Ibn Esra und Biur zur Stelle. Letzterer erklärt, dass das Wort שפט überflüssig sei und deshalb diese letztere Erklärung daraus gefolgert werden könne.

S. 7 ויהי רעב בארץ Zehn Hungersnöte trafen die Welt, d. h. sind in der Bibel erwähnt, s. Text und Anmerkung 84 zu demselben.

בארץ, unter ארץ ohne nähere Angabe ist ארץ ישראל (Palästina) zu verstehen.[1])

S. 8 וילך איש, der Ausdruck איש soll hier den einsam wandernden armen Mann bezeichnen, weil Elimelech in der Folge sein ganzes Vermögen verlor[2]).

מבית לחם יהודה es wird der Ort, den Elimelech und seine Söhne verliessen, besonders erwähnt, weil dies eine besonders fruchtreiche Gegend das Landes Israel war und sie dieselbe dennoch verlassen hatten.

לגור bezeichnet nicht einen festen Wohnsitz nehmen, sondern nur einen zeitweisen Aufenthalt[3]).

---

[1]) s. meine Anm. 87 zum Texte, Riegler S. 42 und Keil S. 263. Das Targum übersetzt בארעא דישראל.

[2]) Raschi und Kommentarien zum Buche Ruth von R. Menachem b. Gelbo u. s. w. ed. von Jellinek Lpz. 1855 S. 23 erklären dieses איש in entgegengesetzter Bedeutung, ein würdiger Mann.

[3]) s. Biur.

בשדי מואב das Wort שדי hat hier den Sinn von Stadt wie 1 Kön. 2,26 [4]).

הוא ואשתו ושני בניו Er, — Elimelech — war die Hauptperson, Noomi und die beiden Söhne stehen zu ihm in untergeordneter Bedeutung.

Vers 2. אלי תבוא אלי = המלוכה אלי מלך = אליםלך an mich gelangt die Regierung, wird erklärt als Zusammensetzung von אל mit Suff. 1. P. S. und dem Worte מלך [5]) Die Erwähnung seines Namens soll darauf hindeuten, dass er dem Stamme Juda angehörte, welchem das Königshaus entsprosste. Es werden auch die Namen der Frau und der Söhne erwähnt, um anzudeuten, dass sämtliche in der Missgunst gegen Arme gleichen Sinnes waren.

נעמי (von נעם) die Liebliche, weil deren Werke lieblich und sie von edler Abstammung war.

S. 10: מחלון [6]), dem Gott verziehen und dem ein Sohn geworden (durch Boas).

כליון (von כלה) dessen Geschick Vernichtung war [7]).

אפרתים = מיוחסים [8]) von edler Familie stammend,

[4]) Vergl. Biegler a. a. O., Keil a. a. O, der Syrer hat ܒܚܩܠܐ ܕܡܘܐܒ

[5]) s. Rosenmüller Ruth S 137. Keil S. 364 und Bertheau S. 295, ebenso über die folgenden Namen

[6]) Es wird hier dem Worte מחלון eine Wurzel מחל verzeihen (verwandt mit מחה abwischen) zu Grunde gelegt, die aber im bibl. Hebräisch nicht zu belegen ist

[7]) Diese Namen כליון und מחלון hält R. Tobia nicht für die eigentlichen Namen der Söhne, sondern für diejenigen, welche im Verlaufe der Entwicklung der Dinge ihnen beigelegt wurden, s. Talmud tract Baba Batra 91 b und Anm. 102 zum Texte, s. auch Bleek Einleitung S. 355.

[8]) Das Targum hat אפר ין רבנין. Raschi hat diese Erklärung ebenfalls, aber auch eine zweite, nach welcher es eine Adjektivbildung von אפרת, dem älteren Namen der Stadt Betlehem, wäre und daher Ephratiten von Ephrat stammend bedeutet. Letzterer Ansicht sind auch Ibn Esra, David Kimchi, Levi ben Gerschom (רל״בג) 5 Megillot

gleich 1 Sam. 17,12 in Bezug auf David und 1,1 in Bezug auf den Leviten Elkana und Jeremia 31,20. an welcher Stelle Israel mit dem Namen אפרים bezeichnet wird. מבית לחם יהודה wird nochmals erwähnt, weil er. Elimelech — seines Heimatlandes nicht mehr gedachte[9]).

ויבאו שדי מואב, aus diesen Worten, die an sich überflüssig wären, wird gefolgert, dass Elimelech und seine Familie zuerst nach kleinen Städten gezogen waren, wegen der dort herrschenden unsittlichen Lebensweise aber verliessen sie diese und zogen nach grösseren Städten (כרכים). Als sie jedoch wahrnahmen, dass die gleiche Sittenverderbtheit auch dort und noch dazu Wassermangel daselbst herrschte, zogen sie wieder in die kleinen Städte.

ויהיו שם sie entschlossen sich nunmehr, ihrer früheren Absicht entgegen, dauernd dort zu verbleiben.

S. 11, V. 3. איש נעמי wird hier besonders hervorgehoben, weil der Tod des Mannes am härtesten dessen Frau trifft, sowie auch der Tod der Frau deren Mann am härtesten trifft 1 Gen. 48,7 [10]). .

ותשאר Der Ausdruck „übrigbleiben" bezeichnet den Wegfall eines Hauptteiles und wird hier gebraucht, weil nach dem Tode eines Mannes dessen Frau als bedrängte Persönlichkeit Wittwe (אלמנה) genannt wird, selbst wenn sie Vermögen und Reichtum besitzt.

V. 4. כאביה Machlon und Kilion heirateten diese Frauen, ohne dass dieselben zuvor zum Judentum überge-

---

Königsberg 620 a. m. S. 22 b und Kommentarien von R. Menachem b. Gelbo u. s. w. S. 23, s. auch Biur zur Stelle. Vergl. ferner Michaelis S. 302, Riegler S. 42, Dereser S. 256 und Keil S. 364. Dagegen erklärt Raschi 1 Sam. 17,12 אפרת als Bezeichnung des Bezirkes, in welchem Betlehem lag. s. Berthean S. 296, Keil 1 Sam. S. 15 und Thenius Sam. S. 2.

[9]) s. Biur.
[10]) In gleicher Weise erklärt es Raschi zur Stelle.

treten waren[11]); hätte ihr Vater damals noch gelebt, so würde er es nicht zugelassen haben[12]).

S. 12. ערפה der Name der einen war Orpa, weil sie ihrer Schwiegermutter den Nacken עורף zugewendet [13]) und zurückkehrte, oder Orpa d. i. die 2. Sam. 21,16 genannte הרפה und sie hiess Orpa, weil ihr bei ihrer Rückkehr tierische[14]) unsittliche Behandlung widerfuhr שהיו הכל עורפין מאחריה ודשין אותה כהריפות בעלי.

ושם השנית Der Verfasser erklärt hier das Wort שנית[15]) in der Bedeutung des Piel שָׁנָה ändern, wechseln; sie (Ruth) änderte ihre Thaten, d. h. ihre Handlungen zeichneten sich in lobenswerter Weise aus vor denen ihrer Schwägerin Orpa.

רות[16]) erhielt diesen Namen, weil David von ihr abstammte, der Gott gleichsam labte (Piel הִוָה) mit heiligen Liedern und Lobgesängen[17]), oder weil sie auf die Worte ihrer Schwiegermutter sah (achtete שראתה), oder (von רתת) weil sie erbebte vor Gesetzesübertretung.

S. 13 כעשר שנים, die Präposition כ drückt aus, dass sie ungefähr 10 Jahre dort verweilten, etwas mehr oder weniger [18]).

---

[11]) Ebenso Raschi 12,1 gegen Levi ben Gerschom S 22b und Ibn Esra, nach welchen Ruth und Orpa vor ihrer Verheiratung zum Judentum übergetreten waren, vergl Anm. 115 zum Texte und Zusatz der Petersburger Hs. S. 48 nebst Anm. 6 und Riegler S 54.

[12]) Ebenso R Josef Karo S. 23. s auch Anm. 116 zum Text.

[13]) s. Bertheau S. 296.

[14]) Raschi Talmud tract. Sota 42 b.

[15]) Vermutlich beruht diese Erklärung darauf, dass es nicht auch hier heisst ושם האחת רות; allerdings findet sich diese Ausdrucksweise auch an andern Stellen

[16]) s. Anm 120 zum Texte.

[17]) s Bertheau S. 296.

[18]) Der Syrer hat ܡܢ ܐܡܬܝ ܬܡܢ das Targum כובן עשר שנין s. auch Rosenmüller Ruth S. 439.

V. 5. גם dieses Wort bezieht sich auf die frühere Einbusse ihres ganzen Vermögens, denn Gott straft nicht sofort mit dem Verluste des Lebens, gleich wie Jiob 1,15[19]). טשני ילדיה ומאישה die späteren Bedrängnisse verursachen, dass die früheren vergessen werden, deshalb wird zuerst erwähnt ילדיה und dann ומאישה [20]). עלבון אחר עלבון Bedrängnis nach Bedrängnis.

V. 6. כי שמעה sie hatte gehört von den in den Städten herumziehenden Krämern, oder (in überirdischer Weise) von Engeln[21]) hatte sie gehört, „dass der Ewige sein Volk wieder bedacht habe".

S. 14, V. 7. ותצא מן המקום sie zog hinweg von dem Orte. Ist sie denn allein weggezogen, viele Kamel- und Eseltreiber waren ja mit ihr fortgezogen? Chanin im Namen des R. Samuel b. R. Isak erklärt daher: Die hervorragende Persönlichkeit in einer Stadt ist ihr Glanz, ihre Pracht und ihre Herrlichkeit, geht sie weg von da, so schwinden mit ihr Glanz, Pracht und Herrlichkeit, daher ותצא מן המקום die hohe Bedeutung ihrer Person ging ab dem Orte durch ihr Wegziehen. Das Gleiche gilt Gen. 28,10 von Jakob.[22]).

ותלכנה בדרך sie gingen einsam des Weges, trotzdem sie der Gesellschaft bedurft hätten, oder sie zogen des Weges, d. h. der Weg wurde ihnen beschwerlich, weil sie barfuss gingen, oder ותלכנה im Sinne von Halacha (הלכה) Noomi erteilte der Ruth Belehrung bezüglich des Uebertritts zum Judentum[23]).

---

[19]) s. Raschi und Kommentar v. R. Menachem ben Gelbo S. 24
[20]) s. Ibn Esra, der Syrer hat die umgekehrte Reihenfolge
مي عدله ومي لاسم علم
[21]) Diese Erklärungsweise schliesst sich an das Targum an.
[22]) s. Raschi und Kom. v. R. Menachem b Gelbo S. 24, woselbst dies gefolgert wird, weil ותצא מן המקום an sich überflüssig ist, da Vers 5 schon ותשב משדי מואב steht.
[23]) s. Anm. 142 - 144 zum Texte.

לשוב אל ארץ יהודה ins Land Juda zurückzukehren d. h. zurückzukehren zur Lehre der Jehudim.

S. 15, V. 8 לשתי כלתה beide waren ihr (Noomi) gleich wert[24].

עם המתים in Bezug auf deren Sterbekleider, für welche die beiden Frauen gesorgt hatten.

ועכדי indem sie auf ihre Ketuba (das vom Ehemanne bei der Verheiratung seiner Frau durch Verschreibung zugesicherte Heiratsgut) verzichteten[25]). S. 16, V. 9. יתן erklärt R. Tobia als Einleitung des Wunsches, so dass nichts zu diesem Satze zu ergänzen wäre, wie Gen. 27,28[26]).

ותמצאן ומצן כתיב nur die eine (Ruth) fand Ruhe, die andere (Orpa) fand sie nicht[27].

אשה לבית אישה R. Jochanan sagte, dieser Ausdruck deutet an, dass das Weib Ruhe und Befriedigung nur im Hause ihres Mannes findet[28]).

ותשאנה das erste (in diesem Verse) hat Scriptio plena, das zweite (Vers 14) Scriptio defectiva.

V. 10. שובי לעמך zu sein wie dein Volk[29]).

V. 11. העוד לי בנים במעי והיו לכם לאנשים wird erklärt, selbst wenn ich noch Kinder in meinem Leibe hätte, wären sie nicht berechtigt, die Leviratsche mit euch einzugehen, da die Eingehung der Leviratsche durch einen nach dem Tode

---

[24]) s. Anm. 146 zum Texte, dass dies aus dem sonst überflüssigen לשתי gefolgert wird.

[25]) Das Targum hat ועכבי דחנתון וסוברתון יתי.

[26]) Ibn Esra erklärt es gebe Gott euch einen Mann, das Targum es gebe euch Gott vollständigen Lohn.

[27]) R. Tobia hat hier die Schreibeart ותמצן defectivum א gegen unsere Masora.

[28]) Unerklärlich ist die Uebersetzung des Syrer ܒܝܬ ܠܗܝܢ ܐܫܟܚ ܠܗܝܢ

[29]) Dies ist auch der Sinn des Syrer ܘܥܡܟܝ ܕܐܙܠܝܢ und des Targum לעמך לאתגיירא.

des Mannes geborenen Bruder desselben nicht gestattet ist[30]), denn es heisst Deut. 25,5 כי ישבו אחים יחדיו. das Wort יחדיו bezeichnet die gleichzeitige Existenz der Brüder.

S. 17, V. 13. הלהן תשברנה, könnt ihr warten, bis sie, die Kinder, erwachsen sind?

הלהן תֵעָגֵנָה (Niphal v. עגן für הֵעָגֵנָה)[31] könnt ihr euch verschlossen halten, oder (nach dem talmudischen עוגין Baba Batra 73 a הבוכר את הספינה כבר את העוגין) könnt ihr allein euch leiten, bis sie erwachsen sind[32])?

S. 18. אל בנתי Schwiegersöhne werden Söhne und Schwiegertöchter Töchter genannt.

בכם euretwegen בשבילכם[33])

V. 14. ותשנה קולן Defectivum א, das deutet an, dass sie an Kräften erschlafft waren, so dass sie nicht mehr weinen konnten [34]).

ותשק das Wort Küssen bezeichnet etwas Unangemessenes, ausgenommen in drei Fällen; der Kuss der Huldigung wie 1. Sam. 10,1, der Kuss bei der Begegnung wie Exod. 4, 27, der Abschiedskuss wie hier. *R. Tanchuma* sagte, auch der Kuss der Verwandtschaft (von Verwandten) wie Gen 29,11.

S. 19. V. 16. אל תפגעי בי לעזבך d. h. vergehe dich nicht

[30]) Raschi und Ibn Esra (Vers 12) erklären es in entgegengesetzter Weise; vergl. auch Bertheau S. 298. der nichts Stichhaltiges beigebracht gegen die Ansicht Carpzov's u. a.; s. auch Talmud Jebamot 17a und 24a. S. auch Rosenmüller Ruth S. 443.

[31]) s. Ibn Esra und Kimchi Sefer hascheroschim. Unsere Handschrift hat die Lesart הֵעָגֵנָה wie viele Codd. Kennicotts, s. Riegler S. 42. Raschi erklärt es nach der Radix עָגָה.

[32]) Vergl. Anm. 168 zum Texte und R. Josef Karo und R. Samuel b. Meir S. 24, s auch Rosenmüller Ruth S. 444.

[33]) Das Targum hat יותר בינכון, wie es auch der Kom. von R. Menachem b. Gelbo S 24 erklärt, der Syrer hat beide Erklärungen

ܡܛܠ ܕܐܙܠܝ ܠܗܕ ܠܟܝܢ ܚܠܝܡܝܢ ܕܠܐ ܚܬܢܝܢ ܐܢܐ ܠܐܢ ܡܢ ܡܠܬܢܝ

vergl. auch Rosenmüller Ruth S 445 und Keil S. 367.

[34]) Die Erklärung beruht auf Zugrundelegung der chald. Wurzel תשש schwach sein, erschlaffen.

gegen mich לי אל תחטאי dadurch, dass du mich veranlassest dich zu verlassen, denn besser es erfolge mein Uebertritt durch dich als durch einen anderen[35]).

S. 21, V. 18. ותרא כי מתאמצת aus dieser Stelle wird die talmudische Lehre entnommen, dass man bei aller zu vermeidenden Proselytenmacherei nicht allzu sehr den Uebertritt zum Judentum erschweren solle, sondern denjenigen, der beharrlich den Vorschriften der Thora sich unterziehen will, nicht länger zurückzuweisen[36]).

V. 19. ותלכנה שתיהן sie gingen beide gleichgesinnt[37]).

S. 22. ויהי כבואנה R. *Samuel b. R. Simon* sagte, jener Tag war der Tag der Omerernte[38]), zu welcher die Einwohner der umliegenden Städte sich versammelten, um den Omerschnitt mit Feierlichkeit zu vollziehen, oder Ibzan[39]) verheiratete an jenem Tage seine 30 Töchter (Richter 12,9), oder die (erste) Frau des Boas starb an jenem Tage und das Volk war gekommen, um Boas zu trösten und ihm — gemäss der diesbezüglich rituellen Vorschrift — die erste Mahlzeit nach dem Begräbnisse seiner Frau zu reichen. Während so das Volk mit Ausübung von Wohlthätigkeitswerken beschäftigt war, trat Ruth in Begleitung der Noomi ein, so dass gleichzeitig diese (Ruth) kam, während jene schied.

והאכרנה ist gen. fem. Plur., weil die Frauen[40]) Noomi empfingen und sie, die Töchter der Stadt, es waren, welche die Veränderung der Noomi anstaunten.

נעמי (wie oben von נעם die Huldreiche, Liebliche),

---

[35]) s. Anm. 185 zum Texte, Raschi, R. Samuel b. Meir S 25 und Ibn Esra.

[36]) s. Raschi und Levi ben Gerschom S. 22b.

[37]) s oben Anm 24 und Anm. 203 zum Texte.

[38]) Ebenso das Targum (Vers 22) ואינון אתו בית לחם בטיבלי יומא דפסחא ובההיא יומא שריאו בני ישראל למחצד ית עומרא דארמותא דהוה כן שעורין. und Raschi: vergl. auch Dereser S. 259 und Riegler S 54 ff.

[39]) Ibzan d. i. Boas nach dem Talmud tract. Baba Batra 91a, s. oben S. 19.

[40]) s. Keil S. 368 und Bertheau S. 299.

deren Thaten und Lebensweise lieblich waren. Früher ging sie mit ihrem angelegten Schmucke, jetzt geht sie barfuss und in Lumpen gehüllt; früher hatte sie ein rotes wohlgenährtes, jetzt hat sie ein blasses hungerndes Aussehen[41]).

V. 20. ותאמר אליהן und sie sprach zu ihnen, zu den Frauen von Bethlehem, die zu ihr gesprochen hatten.

אל תקראנה לי נעמי (nennet mich Mara), denn bitterlich liess es Gott mir ergehen.

כי המר שדי לי מאד ebenso sagt David Psalm 88 Vers 10 (עני אני דאבה מני עני).

V. 21. אני מלאה הלכתי voll an Kindern und Vermögen[43]) bin ich weggezogen.

וי' ענה בי der Ewige hat wider mich gezeugt wegen meiner Verschuldungen. — ענה ist von gleicher Radix mit תענה in dem Verse לא תענה ברעך Exod. 20.13[44]).

S. 23, V 22. ותשב נעמי ורות המאביה עמה sie (Ruth) ging in aufrichtiger Gesinnung mit Noomi nach Betlehem (בנאמנת)[45]

בתחלת קציר שעורים dies ist die Omerernte[46]).

III.
Anmerkungen zum Lekach tob Ruth.
Note 1.
2.5 והלא היה מכירו S. 25 Anm. 17.

R. David Luria, Kommentar zu Midrasch Ruth Para-

---

[41]) Vergl. Kom. v. Menachem b Gelbo S. 26, Dereser S. 259 und Riegler Vers 21 S. 54.

[42]) s. Anm. 218 zum Texte, dass מרא und המר ebenso wie ייני und עני mit dem Ausdrucke der jüdischen Grammatiker לשון נופל על לשון ist

[43]) Ebenso Raschi und Ibn Esra, auch Dereser S 259 und Riegler S. 54 gegen Targum מבעלי ומבני und so auch Keil S. 368.

[44]) Ebenso das Targum ובין קדם י' איסתהיד לי חובתי. Raschis erste Erklärung, Levi ben Gerschom S. 22b. Dunasch in Kom. zum Buche Ruth von R. Menachem b Gelbo S. 26, Ibn Esra und Kimchi Sefer hascheroschim gegen Syrer مدلب معهد und Berthean S. 299 Gott hat wider mich gewirkt, s auch Rosenmüller Ruth S. 450.

[45]) s. Anm. 221 zum Texte, dass dies auch der Sinn des Syrers ist ?ولبصه حمدهي لصه عـلـصا ملصا

[46]) s. oben Anm. 38.

scha 4, vermutet, mit Beziehung auf Mathnoth Kehunna (von Aschkenasi) in der Midrasch-Stelle ולא הוה חכים לה einen Druckfehler und schlägt die Textesänderung vor ולמהוי חכים לה in der Bedeutung wie Talmud tract. Sabbat 113 b „fragte etwa Boas, um sie — die Ruth — kennen zu lernen". Es dürfte aber nach meiner Ansicht eine unbedeutende Correktur zum Verständnisse dieses Midrasch genügen. Während nämlich חכים als Intensivform in Verbindung mit לה unmöglich, ist durch Streichung des Buchstaben י in חכים die richtige Lesart vollständig hergestellt, und wir lesen daher ולא הוה חכם לה: חכם als Partic. Peal gleich dem syrischen ܚܰܟܺܝܡ. Das chaldäische חכם und syrische ܚܰܟܺܝܡ haben nämlich neben der Bedeutung verstehen, wissen, weise sein auch die Bedeutung erkennen. Der Sinn unserer Stelle wäre demnach „erkannte er sie denn nicht?". Diese Ansicht rechtfertigt sich um so mehr, als doch anzunehmen sein dürfte, dass Boas, der Verwandte der Noomi, früher schon deren Schwiegertochter Ruth kennen gelernt hatte. Diese Auffassung wird auch durch unseren Kommentar Lekach tob, welcher diese Stelle mit והלא היה מכירה wiedergibt, und durch den Jalkut Ruth, der וכי לא היה מכירה hat, bestätigt. In gleicher Weise muss die Midrasch-Ruth-Stelle a. a. O., welche sich auf Saul und David bezieht, berichtigt werden.

Note 2.

2,6 חמותה למדתה דרך צניעות. S. 25 Anm. 25.

Anstatt dieses Ausdruckes heisst es Midrasch Ruth Parascha 4 רבתה רפתה לה. S. W. *Einhorn* (פירוש מהרז״ו) in seinem Kommentar z. St. weiss diesen Ausdruck nicht zu erklären. Ich vermute jedoch, dass dieses רפתה die 3. S. f. Pael ist und gleich dem hebr. Piel des Stammes רפא die Bedeutung heilen, gesund machen hat, wie 2. Könige 2,21 dies in Bezug auf die Geniessbarmachung des Wassers gebraucht ist. Dass das Wort רפא auch in Bezug auf geistige Heilung, geistige Wiederherstellung gebraucht wird, erhellt aus Jesaja 6,10 wie Kimchi a. a. O. mit Belegstelle Psalm 41,5 und Talmud tract. Megilla 18 b וישב ורפא לה לאו רפואה דתחלואים הוא אלא רפואה דסליחה היא erklärt. Der Sinn dieser Midraschstelle wäre demnach „Noomi heilte die Ruth von ihren Irrtümern, in welchen sie als Moabitin befangen war, und hierdurch war ihr Benehmen ein so, edles geworden." R. *Salomon Jafa* in seinem Kommentar Jefe Anaf zu Midrasch Ruth scheint diesen Ausdruck ebenso aufgefasst zu haben, indem er erklärt והוא לשון רפואה. Der Verfasser des Lekach tob und Jalkut Ruth haben das רפתה vielleicht ebenso aufgefasst und dessen Bedeutung erläuternd umschrieben. R. *Joel Sirkisch* scheint die Lesart שיחמיתה מאלפא לה in Midrasch Ruth zu haben, wie dies aus dessen Kommentar zu Ruth S. 29 zu entnehmen. Letztere Erklärung findet sich auch im Jalkut Ruth.

Note 3.

S. 28, Anm. 54. א בחונין: פתך בחונין ובלה בחונין בחלב חכוין 2, 14. Diese Erklärungsweise liegt der syrischen Uebersetzung ܘܩܬ ܚܒܙܐ ܘܨܒ und der arabischen وَقْتَ خُبْزٍ وَصَبَّ عَلَيْهِ لَبَنًا zu Grunde, während die LXX., die lateinische Uebersetzung (in aceto) und das Targum בתבשילא דאתבשל בחלא der gewöhnlichen Uebersetzung „Essig" folgen. Es scheint diese Stelle der Peschîtâ ein weiterer Beleg für die Behauptung zu sein, dass die Petschîtâ in Anlehnung an die jüdische Tradition[1]) abgefasst, ganz oder teilweise von Juden[2]) herrührt oder unter deren Mitwirkung entstanden ist[3]), s. hierüber *Rappaport* Erech Millin S. 256. *Cherem Chemed* V, 222 und *Steinschneider* in Frankels Zeitschrift für die religiösen

---

[1]) s. Nöldeke, die semitischen Sprachen Lpz 1887 S. 35
[2]) Rich Simon entscheidet sich für die Abfassung der ganzen Peschita durch Juden Die syrische Uebersetzung der Chronik hat rein jüdischen Charakter. s. Nöldeke die alttestl Literatur S. 263.
[3]) Vergl auch Text S. 23 Anm 222. S. 28 Anm. 54, S 37 Anm. 88 und S. 40 Anm. 18.

Interessen des Judentums 1844 S. 358. Entgegengesetzter Ansicht ist *Dr. D. Hoffmann* in „Abhandlung über die pentateuchischen Gesetze" Berlin 1. Heft S. 14 über Leviticus 23,11 ܘܒܬܪ ܝܘܡܐ ܐܚܪܢܐ ܣܩܘܠܘܢ ܥܘܡܪܐ ܐܝܟܢܐ, (נפרשיה בהנא), dem er ܛܒܐ (טבא) in der Bedeutung ܩܘܕܡܝܐ אחר
ובתר יומא טבא אחרנא) ܘܒܬܪ ܝܘܡܐ ܛܒܐ ܐܚܪܢܐ) suppliert, dass der Syrer einer Auffassung folge, nach welcher das Omer nach dem letzten Tage des Pesachfestes dargebracht worden sei und demnach einer antitraditionellen Ansicht folge, vergl. Talmud tract. Menachoth 65 a ff. Dies scheint mir indes aus dieser Stelle keineswegs erwiesen, da in diesem Falle nicht der Ausdruck ܐܚܪܢܐ (אחרנא) sondern ܐܚܪܝܐ (אחריא) gebraucht sein sollte. Wir übersetzen also diese Stelle „und nach dem andern Tage" in dem Sinne von „und nach dem verflossenen ersten Tage des Festes", wonach der Syrer auch hier in Einklang mit der heiligen Tradition sich befindet. Ein bestimmtes Urteil über den diesbezüglichen Character der Peschîtâ ist übrigens nur durch eingehende Prüfung der ganzen Peschîtâ unter Vergleichung derselben mit Talmud und Midraschim festzustellen, s. auch *Nöldeke* die alttestl. Literatur S. 263. — Die arabische Uebersetzung floss, wie bekannt, aus der syrischen.

Note 4.

וייטב לבו יש אומר׳ שאבל מיני מתיקה אחר המזון לפי שהמתיקה 3,4 מרגלת הלשון בתורה S. 32, Anm. 17.

Abgesehen von der gewöhnlichen Auffassung dieser Stelle in Bezug auf die Einwirkung des Zuckers auf die Sprach- und Halsorgane, teilte mir Herr *Dr. med. Klein* in Paris seine Ansicht hierüber in folgendem mit: „Es scheint in der vorliegenden Schrift eine Wirkung der Süssigkeit auf das Gehirn resp. auf den Verstand gemeint zu sein. Dieselbe kann ich nur so erklären, dass durch die Zersetzung des Zuckers im Körper Spiritus und Kohlensäure produziert wird, welche auf das Gehirn gut wirken. Es ist bekannt, dass die Gehirnthätigkeit bei Studien viel Wärme erfordert, und diese Wärme wird durch die Kohlensäure unterhalten."

Note 5.

3, 14. ויאמר הבי הגיטפחת הב בתיב מלמד שהיה כלמד כדבר בלשון זכר

S. 36, Anm. 78. כדי שלא ירגיש שום אדם בו

Die Midraschim und der Lekach tob haben hier ein Kerî und Ketîb, während in unseren Bibelausgaben dies nicht der Fall ist[1]) und sowohl Kerî als Ketîblesart הבי ist,

[1]) Die oben erwähnte Verschiedenheit über die richtige Les- und Schreibart, wie solche auch an andern Stellen mehrfach anzutreffen und namentlich in „Madinchaï" und „Maarfaï" eine ziemliche Reihe von solchen Verschiedenheiten aufgeführt ist, darf jedoch nicht mit der eigentlichen Bedeutung und dem Wesen des Keri und Ketib verwechselt werden, und benütze ich diese Veranlassung zu folgender Erörterung über dieses wichtige Thema: die Keri und Ketib etc. etc. werden von vielen christlichen Grammatikern und Exegeten wie Gesenius (Lehrgebäude § 30 und Geschichte der hebr. Sprache § 51 und hebr. Grammatik § 17), de Wette (Einleitung ins A T. § 89). Wächner (Antiqq. hebr. I p. 106), Eichhorn (Einl. zum A. T. § 115 und 116), Jahn (Einl. I S. 463 ff.), Bleek (Einl. S 813 ff.) Bertholdt (Einl. 1 S. 270) u. a , aber auch von manchen älteren jüdischen Grammatikern und Exegeten nicht in richtiger Weise aufgefasst. Letztere wurden schon von R. Jakob ben Chajim in der Vorrede zu den Bibelausgaben (מקראות גדולות), von R. Abi- ad Sar Schalom in dem hebr. Werke Emunat Chachamim (Mantua 5490 a. m.) Abschnitt 22 und von R. Salomon Hanau in der dritten Vorrede und S. 12 b seines Werkes Binjan Schelomo (Frankfurt a. M. 5484) gründlich und treffend widerlegt Auch Cassel in seiner jüdischen Geschichte S. 108 versteigt sich folgendes als historische Behauptung aufzustellen: „auch da, wo man einen Fehler vermutete, oder vielleicht die Handschriften differierten wurde der Text selbst nicht geändert, sondern eine Bemerkung an oder unter den Rand gemacht und anders gelesen als geschrieben war (Keri und Ketib), oder man las aus Rücksichten des Anstandes für ein im Text befindliches für Obscön geltendes Wort ein entsprechendes anständiges; man setzte auch im Lesen ein Wort hinzu, das im Texte nicht stand (Keri-we-lo Ketib), oder liess beim Lesen ein Wort aus, das im Texte stand (Ketib we-lo-Keri). An diese bereits im Talmud Nedarim 37b genannten Glossen u. s. w."

worauf schon *Norzi* im Minchat Schai z. St. und *Aschkenasi*
im Mathnoth Kehunna zu Mid. Ruth aufmerksam machen.
Es scheint hier selbst zwischen Mid. Ruth und Lekach tob

In richtiger Erkenntnis dagegen schreibt Jellinek im Beth ha'midrasch
Tl. 5 S. XIII folgende herrlichen Worte: „Ein Teil der Masora, die
Orthographie, Vokalisation und Accentuation der Bibel stehen im Dienste
der Halacha und Hagada, und so lange dies nicht allseitig erkannt
und berücksichtigt werden wird, werden gewisse Partieen der hebräischen
Grammatik mangelhaft bleiben, da sie grammatische Regeln aufstellen
und Ausnahmen anführen, die nicht im Wesen der hebräischen Sprache,
sondern in der halachischen Deutung des betr. Schriftstellers ihren
letzten Grund haben u. s. w." Hupfeld (theol Studien und Krit. 1830
S. 534 ff.) nähert sich diesem richtigen Urteile, wie auch Herbst
(Einl. I S. 115), welcher die Keri und Ketib nicht als Resultate einer
kritischen Arbeit, sondern als Andeutungen eines geheimen Sinnes be-
trachtet und gleich diesen ganz besonders Keil (Einl. S. 166 ff.), der die
Unterscheidung von מיקרא und מיסרת. קרי und כתיב, nebst den Formeln
יש אם למקרא und יש אם למסרת, auch die termini technici מקרא סופרים
und עטור סופרים nur dem Gebiete der Hermeneutik zuweist. Die Richtigkeit
dieser Behauptung, dass die Keri und Ketib und die mannigfachen Ausnahmen in der Orthographie, Vokalisation und Accentuation unmöglich
Varianten sein können, vielmehr mit der heiligen Schrift und göttlichen
Tradition ursprünglich verbunden sind, ist nicht nur für uns durch
die Lehre des Talmud feststehend, sondern auch unwiderleglich durch
folgende Beispiele derart begründet, dass es unbegreiflich erscheint, wie
es irgend Jemanden nur in den Sinn kommen konnte, Varianten hierin
zu vermuten. Wer vermöchte beispielsweise Gen. 24,14 ff 34,3 ff. und
Deut. 12,15 ff. das 22 mal vorkommende Keri נערה und Ketib נער
anders richtig zu deuten, als dass solche der Tradition angehören, wie
in der That im Talmud tract. Ketuboth 40 b und Sanhedrin 73 a halachische
Decissionen hieran geknüpft werden. Denn die Hypothese Gesenius
Wörterbuch v. נער solches analog dem ältern arabischen عَرُوس und dem
Vulgärarabischen عَجُوزٍ ,عَرُوسُهُ und عَجُوزهْ ,بَعَلٌ und عَلمَهْ ,زَنجٌ
und زَوْجهْ ,نَفَسٌ und تَقَسْهْ ,بَتُولٌ und بَتُولهْ u. dgl. mehr, als comm.
erklären zu wollen, ist nicht nur blose Vermutung, sondern geradezu durch
die Stelle Deut. 22.19 widerlegt, da dort im Texte נערה geschrieben ist
und auch diese Stelle gemäss der Tradition zu halachischer Gesetzes-

eine Verschiedenheit in der Ketiblesart vorzuliegen; Mid. Ruth hat als Ketiblesart הבה, Lekach tob Hs. München בה, Hss. Oxford, Harleian, Parma und Casanata הבא Letzteres

bestimmung dient, s. Talmud Babli Ketuboth 40b und Jeruschalmi tract. Sanhedrin Absch 7 halacha 11. Wäre aber die Form נער im Hebräischen wirklich die ältere comm. Form, so müsste solche auch an dieser Stelle gebraucht sein, was in keiner der unzähligen Thoraabschriften und Bibelausgaben je gefunden worden ist. Die weitere von Gesenius angeführte Belegstelle Ruth 2,21 wird geradezu durch die von Gesenius selbst erwähnten Verse 2,8 und 22 widerlegt, da offenbar hier keine ältere comm. Form vorliegt. Würde in den Versen 9 und 21 wirklich eine ältere Form נער vorliegen, so müsste angenommen werden, dass auch in den Versen 8 und 22 ursprünglich diese Form vorlag und solche im Laufe der Zeiten durch die Hand des Kritikers entfernt worden sei. Weshalb aber hätte dann jener Kritiker nicht auch in den Versen 8 und 22 die ältere Form נער entfernen und durch die jüngere Form נערה ersetzen sollen?, s. auch meine Anm. 80 S. 30 zu 2,21 des Lekach tob. Die weitere Belegstelle Jiob 1,19 kann ebenso wenig als Beweis gelten, da das dort gebrauchte על הנערים nicht als comm. zu erklären ist, sondern wie Raschi a. a. O. על הנערים בנים אבל אין צריך להזכיר הבנות, vergl. über die letzte Stelle und über Ruth 2,21 Gesenius-Kautsch hebräische Grammatik 23. Auflage, § 107 S. 245. – Die gleiche Hypothese bezüglich des so häufig vorkommenden Ketib הוא und Keri היא ist von Gesenius-Kautsch hebr. Grammatik § 32 S 86 schon widerlegt worden, aber auch die von ihm acceptierte Erklärung ist nach dem Folgenden zu verwerfen. Ganz so wie mit נער und נערה verhält es sich mit dem Ketib לא und לו Keri Exod. 21,8, welcher im Talmud tract. Kiduschin 19b und Raschi daselbst, Lev. 11,21, welcher in Chulin 65a, und Lev. 25,30, welcher in Aruchin 32a, Megilla 3b und Schebnoth 16a zu halachischen Deduktionen dient, gemäss welchen der doppelte Sinn von לא n i c h t hat und לו i h m i s t durch dieselben ausgedrückt wird. Die Idee einer zweifelhaften Lesart aber wäre hier durchaus undenkbar. Ebenso kommt dieses Ketib לא und Keri לו noch 14 mal (vergl. Masora magna zu Lev. 11,21 und Delitzsch Jesaja S. 638 Anm.) in Nebiim und Ketubim vor und zwar 2. Sam 16,18; 18,12; Jesaja 9,2; 49,5; 63,9; Psalm. 100,3; 139,16; Sprüche 19,7; 26,2; Jiob 6,21; 13,15; 41,4; Esra 4,2 und 1. Chron. 11,20 und das Ketib לו und Keri לא 1. Sam. 2,16 und 20,2, an welchen Stellen solche auch nur durch den zweifach darin liegenden Sinn zu erklären möglich ist, wie dies an erwähnten Stellen zumeist von den Kommentatoren Raschi, Ibn Esra, Kimchi und

הבא als Ketiblesart scheint jedenfalls ein Schreibfehler zu sein und soll entweder הב. wie in Hs. München, oder הבה, wie im Midrasch heissen. Die Lesart הב als Ketib scheint Levi ben Gerschom ausdrücklich so erläutert wird und sollen hier einige Beispiele hievon gegeben werden: 2 Sam. 16,18 Chuschai täuschte den Absalon mit der Erwiderung „nein, nur dem u. s w. erwählt dieses Volk, mit ihm לו אהיה will ich sein," während er in Gedanken hatte „mit ihm, dem Absalon, לא אהיה will ich nicht sein" — 2 Kön. 8,10 sprach der Profet zu dem Gesandten des kranken Königs Ben hadad „gehe, sage ihm לו, du wirst leben," um den Kranken nicht zu ängstigen, während er dem Gesandten gleichzeitig mitgeteilt hatte, dass der König לא nicht leben werde. — Psalm 100,3 „er hat uns geschaffen und ihm ולו gehören wir," aber auch „er hat uns geschaffen und nicht ולא wir selbst" — Sprüche 26,2 „so ungerechter Fluch trifft ihn selbst לו (den Fluchenden) und „trifft nicht לא ein" (trifft nicht den Verfluchten.) — Job 13,15 wird in tract. Sota Absch. 2 Mischna 6 ausführlich behandelt. — Esra 4,2 sprachen die Feinde Judas, welche den Tempelbau zu verhindern suchten „wir wollen mit euch bauen, denn wie ihr wollen wir euern Gott aufsuchen, und ihm ולו opfern wir seit den Tagen u. s. w.," während sie gleichzeitig damit ausdrücken wollten „ולא und opfern nicht einem andern Wesen seit den Tagen u. s. w" — Ebenso sind die Stellen Exod 4,2 מזה Ketib, זה מה Keri; Lev 21,5 יקרחה Ketib יקרחו Keri; 1 Kön. 12,33 מלבד Ketib, מלבו Keri; 2 Kön. 3,24 יבו Ketib, ויכו Keri und Jesaja 3,15 מלכם Ketib, מה לכם Keri schlagende Beweise für unsere Behauptung, indem diesen Ketib unmöglich eine zweifelhafte Lesart unterschoben werden kann, und solche nur durch die Tradition ihre Erklärung finden. — Aus all diesem zeigt sich zur Evidenz die Richtigkeit der Lehre des Talmud, dass die Keri und Ketib etc. etc. nicht Varianten oder kritische Verbesserungen u. dgl. sind, sondern von den Profeten selbst als solche niedergeschrieben und überliefert wurden, und zwar sowohl im Pentateuch als auch in den Nebiim und Ketubim ist dieses der talmudischen Lehre gemäss so feststehend, dass irgend welche Abweichung von der überlieferten Schreibart eines Ketib eine Gesetzesrolle zum gottesdienstlichen Gebrauche untauglich macht, bis die erforderliche Korrektur daran vorgenommen ist, s. Maimonides halachoth Sefer Thora 7,11 und Aderet in Orach Chajim Absch 141 Es haben daher die von der heutigen Grammatik aus den Keri und Ketib hergeleiteten grammatischen Ausnahmen ebenso wenig eine Berechtigung als die aus den Keri und Ketib gezogenen Schlüsse bezüglich der Abfassungszeit der heiligen Bücher, indes die richtige zu sein, da die Erklärung מלמד שהיה מדבר בלשון זכר darauf hinweist, dass Boas die Ruth bestimmt und präzis mit der Singularform m. des Imperativs ansprechen wollte, während die verlängerte Imperativform הבה sowohl für den Singular als auch für den Plural gebraucht ist, wie 1. M. 11,7 und 2. M. 1,10.

Note 6.

S. 36, Anm. 80, ואחוי בה ותאחו בה מלמד שחגרה מתניה כזכר 3.15.
Die Erklärung dieser Stelle ist höchst schwierig, da beide Formen אחוי und ותאחו f. sind. Die Erklärungsweise des *Aschkenasi* (מתנות כהונה), R. *David Luria* (חדושי רד״ל), *Strassun* (חדושי רש״ש), sind nicht befriedigend. Am richtigsten scheint die des *S. W. Einhorn* (פירוש מהר״זו) zu sein, dass nämlich das Verbum אחז das Kräftige, Starke ausdrückt. Boas hätte also deshalb den Ausdruck אחז gebraucht, weil Ruth gleich einem Manne sich gürten sollte und gürtete. In dieser Weise lassen sich auch die beiden Parallelstellen Mid. Ruth und Lekach tob מלמד שחגרה מתניה כזכר und Jalkut Ruth מ׳ מלמד שהיא אחזה כזכר Einklang bringen. Noch verständlicher ist dies in Verbindung mit den Worten des *R. Mosche Alschkaar* in seinem Werke Schoresch Jischai. (Kommentar zum Buche Ruth). Dieser erklärt nämlich, Ruth habe ihre Lenden geschnürt, um so das Tuch המטפחת allein halten zu können. Sie steckte sodann die zwei Ecken des Tuches in den Gurt, die andern zwei Ecken desselben hielt sie in der Hand und so konnte Boas das Getreide in das Tuch schütten, ohne selbst auch das Tuch halten zu müssen. Der Sinn unserer Stelle ואחזי בה ותאחז בה מלמד שחגרה מתניה כזכר ist demnach nicht aus der Maskulinform zu erschliessen, denn eine solche ist hier nicht vorhanden,

und wir haben den oben angeführten Worten Jellineks noch hinzuzufügen, dass so lange dies nicht allseitig erkannt und berücksichtigt werden wird, auch die Bibelexegese eine lückenhafte bleibt.

sondern der Ausdruck אחז selbst, die Worte ויאחזו בה enthalten diese Deutung, dass sie mit männlicher Tapferkeit und Stärke das Tuch festhielt. Aus diesem Grunde haben Hs. München und Jalkut Ruth 606 auch die beiden Versworte ויאחזו בה und Hss. Oxford und Casanata nur diese beiden gesetzt, weil aus diesen hauptsächlich die Folgerung כילמד שהגרה כיתניה בובר zu entnehmen ist — Dass אחז für den Begriff **ergreifen, festhalten, kräftig anfassen** gesetzt wird, erhellt aus unzähligen Stellen wie beispielsweise aus Richter 12, 6; 16,3, 2. Sam. 6,6; Psalm. 56.1; Hohes Lied 3,4 und 2. Chron. 25.5.

IV.
Beschreibung der benützten Handschriften.

a. Hs. München (מ) Nr. 77.

Cod. hebr. Nr. 77 der Münchener Hof- und Staatsbibliothek (s. Steinschneiders Catal. der hebräischen Handschriften der Münchener Hof- und Staatsbibliothek), nach welchem ich den Kommentar zum Buche Ruth herausgab, enthält den Lekach tob zu den sämtlichen 5 Megilloth auf 68 Pergament-Folioblättern in spanischer Schrift. Derselbe ist zu Bologna im Monat Jjar a. m. 5157 (1397) geschrieben, wie dies der Schreiber am Ende der Handschrift notiert hat כתבתיו פה בולוניה בחדש אייר שנת ה"א ואברהם זקן בא בימים. Die Reihenfolge der Megilloth ist: 1) Ruth, Anf. ונתנה בחג שבועית. נשלם ספר Ende. ספר רות. כת' טוב עין הוא יברך רות בכל יום יש לי בטחון, לקבל פני אדון. ונשוב בישיבת הברון. ובירושלם גם ציון. חוק נא ידי עובדך, ואל יבוש במישענך. וברביתו בברכת הורים והצליחהו בנכסים. עזרי מעם יי' עושה שמים וארץ.

2) S. 7 b Hohes Lied, Anf. פירוש שיר השירים. כת' וחכך כיין הטוב וכו' אמר טוביהו ב"ר אליעזר מה ראה שלמה בן דוד מלך ישראל לדבר שהם הדי בעניים. ברוך רחמנא דסייען. נשלם פירוש שיר השירים, Ende שבח לאל נישפיל וכו'ים. עד הנה עזרני יי' ועתה חוק ידי כבראשונה.

3) S. 27 b Ester, Anf. פירוש מגלת אסתר. כת' בטוב צדיקים

הדובר שלום לכל זרעו אדון השלום יפרוש שלום על Ende. העלהו קריה
כל ישראל אבן ב״נלך וא״ע.

4.) S. 40 Echa. Anf. ה״ה ואיחלה. פיר״ע איכה. כי טוב קויתי ויבא רע ואיחלה
במהרה בימינו ונאמר אבן נשלם פירוש איכה. Ende. לאור ויבא אופל
אתה תקום תרחם ציון ותקבץ נדחי ישראל בבראשון׳ ויובחו לך שם תודה׳
וזבחי שלמים וגם זבחי נדבה׳

5.) S. 52. Kohelet Anf. פירוש קהלת מלקח טוב שהיבר רבינו
ואעפ״י שעשה Ende. טוביהו ב״ר אליעזר ז״קל. כה׳ טוב טעם ודעת למדני
טוב. נשלם פירוש קהלת. תהלה לנותן עוז ותמשלת. בחברו פה בולוניה
בחדש אייר שנת ה״א ואברהם זקן בא בימים. ת״ש ת״ל In Widmanns
Index folgt noch „Midras Psaltery usque ad ps. 114. Ex-
positio aliorum psalmory" und daher hebräisch מדרש על חמש
מג לות ועל ספר תהילים, befindet sich aber in Wirklichkeit nicht
beim Codex und mag vielleicht s. Z. abgetrennt worden sein,
als nicht zum Codex gehörig. Auf dem ersten Blatte der
Handschrift findet sich folgende Angabe des Besitzers derselben פירוש חמש מגלות. קנין הרופאים ראובן בכ״ר יקותיאל ז״ל בכ״ר
אברהם מפורלי וצ״ל הרופא בכ״ר מישולם ז״ל בכ״ר מנחם הרופא ז״ל בכ״ר
מרדכי הרופא וצ״ל בכ״ר יהודה הרופא וצ״ל מטריסטבור זה בירושת מרת
חנה אמי בת כמה״רר מרדכי הרופא וצ״ל מבית אנילוני רומני „der Kleine
unter den Aerzten Reuben Sohn Jekutiels, Sohn des Arztes
Abraham aus Forli, Sohn Meschullams, Sohn des Arztes
Menachem, Sohn des Arztes Mordechai, Sohn des Arztes
Juda aus Trestevere und dies — die Handschrift — ist aus
der Erbschaft meiner Mutter Hanna, Tochter des Arztes
Mordechai aus dem Hause Angeloni Romano." Oberhalb dieser Notiz steht eine weitere des späteren Besitzers הארץ לי׳׳
ומליאה קנין כספי אברהם נכד אהרן יצ״ו „Mein Erworbenes, Abraham Enkel Aharons", nicht Sohn, wie Steinschneider übersetzt,
und mag vielleicht dieses „Enkel Aharons" den Sinn haben,
dass derselbe Abraham ein כהן d. h vom Priesterstamme
(Aharonide) gewesen sei. In der Handschrift selbst finden
sich Randglossen und Texteskorrekturen, die nach Stein-

schneider von den obenerwähnten Jekutiel und Abraham herrühren. — Die Handschrift, ziemlich korrekt, ist gut erhalten und nur im Buche Ester an einigen Stellen etwas unleserlich. Im Buche Echa finden sich Zusätze aus *Raschi* und zwar 3,1 mit der Bezeichnung תוספות המאור הגדול רש״י ז״ל: 4,17 תוספות ר״שי המאור גדול ז״ל und 4,20 תוספות ר״ש רי״ת, 4,9 תוספות ר״ש רי״ת. Es sind dieses indes nicht die eigenen Worte *Raschi's*. Höchst wahrscheinlich rühren diese Zusätze von *R. Tobia* selbst her, da solche in allen Handschriften sich finden und auch die Sprache darauf hinweist. Ist dies der Fall, so wäre auch dies ein Anhaltspunkt für meine Ansicht[1]), dass *R. Tobia* in Mainz lebte. Denn *Raschi* vollbrachte seine Studien in Mainz und lehrte dann in Worms, wodurch *R. Tobia* den Kommentar *Raschi's* gekannt oder mündlich von *Raschi* diese Erklärungen gehört haben mag. Auf einigen Blättern der Handschrift sind die Anfänge der einzelnen Verse durch die Bezeichnung פס[2]) von einander getrennt.

b. Hs. Parma (פ) Nr. 206.

Hs. Parma, de Rossi Nr. 206, hat mit der vorgenannten Hs. ziemlich grosse Aehnlichkeit. Dieselbe ist ebenfalls in spanischer Schrift auf Pergament geschrieben und enthält den Lekach tob zu den 5 Megilloth auf 64 klein Folioblättern. Die Hs. ist bezeichnet מדרש לקח טוב שחבר הר׳ טוביהו ב״ר ליזר זצ״ל על חמש מגלות. Ueber Besitzer der Hs. findet sich auf dem ersten Blatte der Hs. folgende Notiz שלנו יורשי כמר מנחם מרויר׳י „uns gehörig, den Erben des Menachem aus Revere", und ferner קנין כספי אני כ״ר יוסף מרויר׳י בב״ר מנחם מרויר׳י ז״ל הגיע לחלק שנעיה מרויר׳י בכ״ט שמואל ז״ל מהנערים כשהחלקתי עם אחי. „Mein Erworbenes, ich Josef von Revere, Sohn des Menachem von Revere. Es gelangte an mich Schemaje Sohn Samuels von den Knaben, als ich das Erbgut mit meinen Brüdern teilte."

---

[1]) s. oben S 14.
[2]) d. h. פסוק. s. oben S. 9 Anm. 1.

Der Anfang eines jeden Verses ist in dieser Hs. durchgehends mit פפ bezeichnet. Die Reihenfolge der Megilloth ist hier wie in Hs. M.*) und zwar:

1.) Ruth, Anf. ויהי ביטי כי' טוב עין רות ספר. Ende wie M., nur fehlt der Vers י ימים ימי u. s. w.

2.) S. 7. Hohes Lied, Anf. und Ende wie M., nur fehlen am Ende die Worte ברוך רחמנא דסייען.

3.) S. 26 Ester, Anf. wie M., Ende ודרש לכל זרעו אדון השלום יפרוש שלום על כל ישראל אמן · נשלם פירוש אחשורוש. שבח למתנשא לכל לראש.

4.) S. 38. Echa, Anf. und Ende wie M.-Kap. 3,63 findet sich in dieser Hs. folgende Erklärung des *R. Moses Kimchi* ר' משה קמחי פי' מגנת לב דאבון פ"א כן מגן מגנת לב. welche vom Abschreiber herrührt. Ebenso finden sich in dieser Megilla die Zusätze von *Raschi,* wie wir solche bei Hs. M. beschrieben haben.

5.) S. 49 Kohelet, Anf. wie Hs. M., nur anstatt der Worte ב"ר אליעזר וצ"ל stehen hier die Worte ב"ר אליעזר זק"ל Ende ebenfalls wie Hs. M., bis auf den Zusatz פה כתבתיו בולוניה u. s. w. In dieser Megilla fehlt nach S. 63 von den letzten 4 Worten zum 10. Kapitel bis zum Anfang des 3. Verses des 12. Kapitels. — In allen Megilloth fehlen mehrere kleine Sätze, zuweilen finden sich auch Zusätze, dagegen sind viele Verschiedenheiten in der Ausdrucksweise zu verzeichnen. — Vergl. de Rossi Codd. Mos. hebr. Tl. 1. S. 132 Nr. 206.

c. Hs. Jellinek (²)

Diese Handschrift ist, Raschischrift, auf Papier geschrieben und enthält die 5 Megilloth auf 65 Quartblättern. Das erste Blatt ist etwas defect. Die Reihenfolge der Megilloth ist hier eine andere als in den vorgenannten Handschriften und zwar:

---

³) Ich bezeichne fernerhin die Handschrift München mit dem Buchstaben M.

1.) Kohelet, Anf. und Ende wie M., dann folgende Notiz des Schreibers נשלם פירוש קהלת על ידי מאיר לטיף יצ"יא איש ירושלם תהלה לנותן עוז וממשלה "Vollendet der Kommentar zu Kohelet durch den Jerusalemiten *Meir Latif*. Lob dem, der gibt Macht und Herrschaft".

2.) S. 16a Hohes Lied, Anf. und Ende wie M..

3.) S. 36a Ruth, Anf. wie M., Ende נשלם. ניתנה בחג שבועות פירוש רות.

4) S. 41b Ester, Anf. und Ende wie M., dann die Notiz נשלם ע"י מאיר לטיף יצ"יא בכמ"רר יצחק ולה"ה איש ירושלם פה העיר ליניאגו יום ו' ר"ה אלול שנת ה"א ורמ"א לבריאת עולם vollendet durch den Jerusalemiten *Meir Latif*, Sohn des *Isak*, hier in der Stadt Legnago am Freitag, Neumond des Monats Elul a. m. 5241 (1481).

5.) S. 53a Echa, Anf. und Ende wie M., dann folgt noch כי"א תם ונשלם תהלה לאל עולם. Dieses Buch Echa ist von anderer Hand geschrieben als die übrigen 4 Megilloth. Ueberhaupt sind in der ganzen Hs. und namentlich in Echa sehr häufig Worte gestrichen und korrigiert, so dass man den Eindruck erhält, dass der Schreiber sehr gewissenhaft beim Abschreiben zu Werke ging, an und für sich aber kein bedeutender Gelehrter gewesen sein kann. — Auch in dieser Hs. finden sich im Buche Echa die Zusätze von Raschi, ganz so, wie in den oben beschriebenen Handschriften. Diese Handschrift stimmt überhaupt fast ganz mit der Münchener überein.

d. Hs. Oxford (א) Nr. 124.

Hs. de Uri Nr. 124. (Catal. Bodl. v. Steinschn. S. 2674) ist ein sehr umfassender Codex, welcher folgende Werke enthält:

1) S. 2—8 einen Kommentar zum Buche Genesis.

2) S. 9–18 einen Kommentar zum Buche Jjob.

3) S. 19—99 Kom. des R. David Kimchi zu den Psalmen bis Psalm 71.

4) S. 99 einen Kommentar zu Psal. 7,1 und 1.1.
5) S. 100—164 Komm. zum Pent., Erklärungen von Raschi und Ibn Esra enthaltend.
6) S. 165—167 Auszüge aus Riknati.
7) S. 170—235 Komm. des R. Levi ben Gerschom zum Buche Jiob.
8) S. 236—302 Lekach tob des R. Tobia zu den fünf Megilloth.
9. S. 302 b einen im Jahre 243 (5243 a. m. = 1483) unterschriebenen Schuldschein über in Verwahrung gegebene Bücher.
10) S. 304—314 Sefer hagoralos.

Die Handschrift hat Quartformat und ist in Raschischrift auf Papier geschrieben. Am Ende des Lekach tob findet sich folgende Notiz: ותכל מלאכת עבדת הקדש על ידי הצעיר אליעזר
משה יח״על בכמ״ר יואב וז״ל בלבריאה שכתבתים פירוש 'אווב כפרישת ר'
לוי בן גרשום וחמש מגלות כפרישת ר' טוביה ב״ר אליעזר ז״ל לכמ״ר רפאל
יש״יא בכ״ר יצחק יש״רו והשלכיתיו היום יום ה' יום אחרון של חנוכה שנת
רמ״ג לפרט קטן וקבלתי שכירותי משלם . יי יזכהו להגות בו הוא וזרעו וזרע
זרעו עד סוף כל הדורות ויקיים בו קרא דכתיב והגית בו יומב ולילה. וחלקי
המחוקק יהיה עם הצדיקים בגן עדן ועם מצדיקי הרבים ככוכבים לעולם ועד
אמן ואמן סלה ועד "und es ward vollendet die Arbeit durch Elieser Moses Sohn Joabs in Libria (?), der ich geschrieben den Kommentar zu Jiob aus dem Kommentar des R. Levi ben Gerschom und die 5 Megilloth von dem Kommentar des R. Tobia ben Elieser für R. Raphael Sohn Isaks, und ich habe es vollendet heute Donnerstag am letzten Tage Chanuka des Jahres 243 nach der kleinen Zeitrechnung (d. i. 5243 a. m. = 1483) und habe den Abschreiberlohn hiefür vollständig erhalten. Gott möge ihn beglücken u. s. w."
Dieser Schreiber war auch ein Gesetzeskundiger, was aus der Randglosse zu Echa 1,21 ואני המעתיק אומר בכולהו תנאי ובכולהו אמוראי und noch andern Randglossen ersichtlich. Es finden sich in dieser Hs. verschiedene bedeutende Zusätze, welche in den andern Handschriften nicht stehen. Dagegen

ist die Fassung eine bedeutend kürzere, und es sind häufig die kürzeren Worte wie die Akkusativpartikel את und die nicht notwendigen Partikeln ausgelassen, sowie auch die Verse nur teilweise mit dem hinzugefügten וכו׳ oder וגו׳ angeführt. Solche unbedeutende Abweichungen habe ich in meinen Anmerkungen zum Lekach tob Ruth nicht überall verzeichnet. Die Zusätze zum Buche Ruth sind seltener als zu den übrigen Megilloth. Die in dieser Hs. eingehaltene Reihenfolge der Megilloth ist:

1.) S. 236 Echa, Anf. בשב אל אלהי ההוחות איתחיל פירוש

קינות פי׳ איבה למי׳ טוביה ז״ל, בשוב כי טוב קויתי ויבא רע dann folgende Anmerkung, die in sämtlichen Handschriften nicht vorhanden ist הגי׳דה גלו וכפורסם בין החכמים שכל דברי איוב הם משל לישראל ולבי זה הפסוק הם דברי ישראל שנהרינעין בגלותם ואומ׳ כי טוב קויתי ויבוא רע. אין טוב אלא הקב״ה שני׳ טוב ה׳ לכל כאומר היתי מקוה שיר׳ יתברך יהיה לצינה ולמגן לישראל. ויבוא רע זה נבוכדנצר בבית ראשון :ואספסיינוס בבית שני . ואיחלה לאור השכינה ויבוא אופל הצרות. ד״א כי טוב קויתי זה הקב״ה. ויבוא רע זה סבל הקנאה והמקנא כלומר נהיותנו צריכים לסיוע אליו ואנחנו חטאנו לו ושמט הפסל בבית המקדש ובסיבת זה ואיחלה לאור ויבוא אופל הצרות וי״י למען רחמיו יראנו נחמת ציון בשוב י״י שבות עמי ינל יעקב ישמח ישראל אמן.

Dagegen steht in den übrigen Handschriften in der Einleitung zu dieser Megilla ein ganzer Abschnitt, welcher in dieser Hs. fehlt. Zu Vers 4 findet sich hier folgende Randglosse אתה מוצא שכל דבר בעולם בין דומם בין צומח בין חי שאינו מדבר בין חי מדבר כלוב כבקשין תפקידם ר״ל מנהגב ולכן הדרכים שהיו עולים בהם לרגל וכנשו אינן עולין היו אבלות על שהיו כבקשין תפקידן. Die Zusätze von Raschi finden sich auch in dieser Hs., sind aber nicht als solche bezeichnet. — Zu 5,22 enthält diese Hs. folgenden grösseren Zusatz: ה״ר משחרב בית המקדש ערב ט׳ באב היה ומוצאי שביעית היתה ומשמרת יהויריב היתה והלוים עומדין על הדוכן ואומרים שירה ומה שירה אומרי׳ וישב עליהם את אונם׳ ולא הספיקו לומר יצמיתם עד שבאו עליהם שונאים וכבשום ושירה זו של יום חמישי אלא שנפל בפיהם ביום ראשון כדי לנלגל רעה בדבר רע. לפיכך טעננבנם אב כטעטן בשמחה ותנן כל המצות הנוהגות באבל נהגות בט׳ באב אסור

באכילה ושתיה ברחיצה בסוכה בתשמיש המטה והגן ערב ט׳ באב לא יאכל
שני תבשילין ולא יאכל בשר ולא ישתה יין ואמר רב יהודה בסעודה המפסיק
בה משש שעות ולמעלה אסור. מקום שנהגו לעשות מלאכה בט׳ באב עושין
ושלא לעשות אין עושין ובכל מקום תלמידי חכמים בטלין וחכמים אומרים
כל העושה מלאכה בט׳ באב אינו רואה לראות בנחמת ציון שני שישו אתה
במהרה בימינו Ende der Megillat Echa. משוש כל המתאבלים עליה.
ונאמר אמן אמן אמן סלה ועד. נשלם פירוש קונית תהלה לרוכב ערבות.

2.) S. 247a Ruth. Anf: בשב השב אמן י״י יוציאנו מעבדות
ובשכן רעבין Ende לחירות אתחיל לכתוב פירוש רות. כת׳ טוב עין
מתעסקין בלב טוב. בריך רחמנא דסייען.

In dieser Megilla fehlt von Kap. 1,1 bis Vers 6 den
Worten רבנן אמרי בארץ הקב״ה עושה, ebenso fehlt am Ende der
Megilla die 2. Erklärung „weshalb Ruth am Wochenfeste
gelesen wird."

3.) S. 252b Ester. Anf. בשם השם אמן. בסיוע אל המתנשא
Zu לכל לראש אתחיל לכתוב פירוש מגלת אתשורוש. כת׳ בטו׳ צדיקים
6,1 findet sich hier noch folgende Erklärung ד״א שקרא דרור
לכל בעלי סחורה. ד״א כרפס כד פסים. בהט אמ״ר יוסי ב״ר חנינא אבנים
מתחוטטות על רגליהן. פי׳ רבנו שלמה ז״ל חטוטות שלא באו לידי אדם
אלא ע״י חטיטה שמחזרות בעליהן אחריהן ומוצאין אותם בדמים יקרים. דר
וסוחרת רב אמר דארי ושמואל אמר אבן אחת טובה יש בכרכי הים
ושמה דורה הושיבה באמצע סעודה והאירה להם.

Zu 4.16 findet sich folgender jedenfalls vom Abschreiber hinzugefügter Zusatz ויש אומרי׳ אבדתי נפשי ולא מתבר שחולק
על שתי הלכות דגרסינן בפרק קמא דמגילה כשב שאבדתי מבית אבא כך
אבדתי ממך, אמ״ר ירמיה בר אבא בכל יום באונס והיום ברצון ועוד דגרסינן
בשילהי בן סורר ומורה והא אסתר פרהסיא הוה אמר אביי אסתר קרקע עולם
הוה כלומר כקרקע שאין לה הופכין כך היתה אסתר בשעת תשמיש שלא
היתה נהנית מבעילת אותו רשע. וגרסינן נמי בשילהי הוריות אמר ר׳ יוחנן
בשם ר׳ שמעון בן יוחי טובתן של רשעים רעה היא אצל הצדיקים.

Auch zur Erklärung der Namen der 10 Söhne Hamans
findet sich hier ein längerer Zusatz. Ende der Megilla
דובר שלום לכל זרעו. היה משים שלום בין ישראל לאביהם שבשמים אדון

השלום הוא יפרוש עלינו סוכת שלומו ועל כל ישראל ברחמיו הגדולים אמן.
סליק פירוש אהשורוש שבח לאל המתנשא לכל לראש׳ ברוך רחמנא דסייען.
4.) S. 264b Hohes Lied, Anf. בשם אדיר בשם אמן בשם היטב
האדירים אתחיל לכתוב פירוש שיר השירים׳ בת׳ וחנך בין הטוב וכו׳ אמר
שהב הרי בשכיב׳ Ende טוביהו ב״ר אליעזר זצ״ל מה ראה שלמה לדבר
נשלם פירוש שיר השירים. תהלה לאל שהוא בישפל ומרים. In dieser
Megilla finden sich nur kleine Zusätze, dagegen ist auch
hier die Ausdrucksweise eine kürzer gefasste. Zwischen
S. 281 und 282 fehlt ein Blatt, d. i. vom Ende des 6. Kap.
bis 7.9.

5.) S. 284 Kohelet. Anf. בשם השם אמן · בשם אשר לו היה
והתפארת אתחיל לכתוב פירוש קהלת׳ טוב טעם הדעת לבדני אמר טוביהו
ואעפ״י שעשה טוב· נשלם Ende ב״ר אליעזר ז״ל על שצפה דוד ברוח
פירוש קהלת, שבח ללו הנכתעלתי· תם ונשלם שבח לבורא עולם · ברוך
נתן ליעף כה ולאין אונים עצמה ירבה.
Auch hier fehlt ein Blatt zwischen S. 294 und 295
d. i. 7.9 bis Vers 26.

e. Hs. Camaridge (קב) Nr. 378

Herr *Dr. Schiller* in Cambridge hatte die Güte, über
diese Hs. mir folgendes mitzuteilen: „Diese Hs. ist auf 80
Folioblättern (Pergament) in sephardischer Schrift geschrieben und enthält den Lekach tob zu den 5 Megilloth in
folgender Reihenfolge: 1.) Ruth, 2.) S. 8a Hohes Lied,
3.) S. 32b Ester, 4.) S. 47a Echa und 5.) S. 60b Kohelet (dieselbe Reihenfolge wie Hs. M.) Ueber die Zeit des
Schreibers findet sich am Ende der Hs folgende Notiz
כתבתיו פה בולוניה בכ״ה באייר לאלף הששי שנת טוב לי תורתי פיך
מאלפי זהב וכסף תם תל„ ich habe ihn — den Kommentar —
geschrieben hier in Bologna am 25. Jiar 5151 a. m. (1391)."

f. Hs. S. 4 der Bibliothek Casanata (ק) in Rom.

Die Ueberschrift des Lekach tob dieser Handschrift ist
והתורה ניתנה בחג שבועות· סליק להו פי׳ רות בע״ה Ende. מדרש רות
Auch in dieser Hs. finden sich Zusätze, welche in den andern

Handschriften nicht vorhanden sind, namentlich solche aus
Midrasch, Raschi, Ibn Esra und David Kimchi (vergl. S. 7
Anm. 67, S. 9 Anm. 97, S. 17 Anm. 165, S. 18 Anm. 170
und 173, S. 19 Anm. 184, S. 21 Anm. 203, S. 24 Anm 7
und 13 und S. 25 Anm. 22).

Diese Hs. enthält ferner den Kommentar Lekach tob
zum Buche Kohelet mit der Ueberschrift פי׳ קהלת מלקח טוב
שחיבר רבינו טוביהו זצ״ל, den Midrasch Rabba Echa und den
Midrasch Abba Gurian zum Buche Ester, worauf schon *Buber*
in der Einleitung zum Lekach tob Genesis-Exod. S 60 aufmerksam macht. Herr *Angelo di Capua* in Rom teilt mir
über die Beschaffenheit der Hs. folgendes mit: „Die Hs.
enthält sämtliche Megilloth mit Ausnahme der Megillat Schir
haschirim. Dieselbe hat Oktavformat und ist in Raschischrift
teils auf Papier teils auf Pergament geschrieben; der auf
Pergament geschriebene Teil ist jedoch schwer leserlich.
Nur das Buch Ruth ist vollständig erhalten, in den übrigen
Megilloth fehlen mehrere Blätter. Ueber Besitzer etc. findet
sich nur folgende Notiz קניתי אותו מה״ר יצחק קמחי פה קשטיין שנת
ר״לח לפ״רק אני יוסף בן חביב. Ich habe es erworben von R
Isak Kimchi in Kastein im Jahre 238 der kl. Zeitrechnung
(d i. 5238 a. m. =1478) Ich Josef ben Chabib."

g. Hs. A. l. 2 der Bibliothek Angelica (אן) in Rom.

Vom Lekach tob findet sich in dieser Handschrift nur
der Kommentar zu Ruth mit der Ueberschrift פירוש על רות,
welcher aber in einem ganz anderen Stile abgefasst ist, teils
kürzer, teils Zusätze aus Midrasch, Raschi, Ibn Esra und
Kimchi enthaltend (vergl. Text S. 7 Anm. 67, S. 9 Anm. 98,
S. 19 Anm. 106, S. 11 Anm. 113 und 115, S. 14 Anm. 136,
S. 17, Anm. 165, 167 und 168, S. 18 Anm. 170 und 173,
S. 19 Anm. 185, S. 20 Anm. 195, S. 21 Anm. 202 und 203
S. 22 Anm 216, S. 24 Anm. 9, S. 28 Anm. 55, S. 29 Anm.
68 und 78, S. 31 Anm. 5 und 9, S. 32 Anm. 16, S. 35 Anm.
67, S. 37 Anm. 87, S. 38 Anm. 1 und S. 41 Anm. 24);

auch die Einleitung zum Lekach tob Ruth fehlt in dieser Handschrift. Herr *Angelo di Capua* teilt mir über diese Hs. folgendes mit: „Diese Handschrift ist grossen Formats und enthält auf 346 Pergamentblättern neben dem Lekach tob zum Buche Ruth, welcher von einer späteren Hand geschrieben, auch die ersten Profeten, die Hagiographen und die 5 Megilloth mit Targum und den Kommentaren Raschi, Ibn Esra und David Kimchi und zu einigen Stellen in Könige auch den Kommentar des R. Jesaja, und dies alles ist geschrieben von einem *R. Benjamin*. Auch enthält die Hs. Werke grammatischen Inhalts von verschiedenen Verfassern, welche aber an vielen Stellen unleserlich sind. Es findet sich weiter keine Angabe über Schreiber und Zeit des Schreibers. Der Lekach tob zum Buche Ruth beginnt nach dem Buche Mischle und ist zerstreut in der ganzen Hs." Anm. 67 zur Einleitung S. 7 habe ich schon bemerkt, dass ich den Lekach tob in Hs. Angelica nicht für eine wirkliche Abschrift desselben halte, sondern für einen Auszug aus demselben, welchem der betreffende Abschreiber noch die verschiedenen Stellen aus Midrasch, Raschi, Ibn Esra und Kimchi anfügte, daher ich auch nicht alle Abweichungen dieser Hs., insbesondere am Anfang des Kommentars, verzeichnet habe. Im Lekach tob dieser Handschrift fehlen verschiedene Stücke (vergleiche S. 24 Anm. 9, S. 29 Anm. 78, S. 34 Anm. 46, S. 35 Anm. 67 und S. 41 Anm. 22).

h. Hs. Harleian (ה) Nr. 269 in London.

Diese Hs. enthält ebenfalls nur den Lekach tob zum Buche Ruth. Herr *Josef Levi* in London teilt mir über diese Hs. folgendes mit: „Das Manuscript (Harl. 269, Oktav) ist auf Papier geschrieben, zusammengebunden mit noch vier anderen Handschriften und zwar:

1) Jehuda ben Elazar, Kommentar zum Pentateuch,
2) Jonae Gerundi, Commentar in Birke Aboth,
3) Com. in Ruth, authore Rabbi Tobia ben R. Eliaezer,

4) Salomon Jarchi, Com. in Threnos et Cantica candi-
corum und

5) Com. Rabbi Abraham Hispania (Ibn Esra) in librum
Estherae. Die Aufschrift zum Lekach tob Ruth lautet פירוש
רות למדי ורבי טוביהו ב״ר כבוד ר׳אלעזר, Anfang wie Hs. M., Ende
ונתנה בחג שבועית׳ תם ונשלם. Der Lekach tob umfasst S. 182
bis Seite 190 des Manuscripts." Obiges ר׳ אלעזר ist ein
Schreibfehler und soll ר׳ אליעזר heissen. Den Ibn Esra zum
Buche Ester hat Zedner in London veröffentlicht, vergl.
dessen Einleitung S. 11 und 14 und meine Anm. 96 zum
4. Kap. in Ruth. — Die Abweichungen des Cod. Harleian
sind nur unbedeutend und stimmen häufig mit denen der
Handschriften Parma, Oxford, Casauata und Cambridge
überein, wie dies aus meinen Anmerkungen zum Lekach tob
zu ersehen ist. — Kap. 1.1 fehlt in dieser Handschrift von
den Worten כי שהוא עני bis Vers 6 den Worten כי שמיה
בשדי מואב.

h. Hs Petersburg (פ׳) Nr. 60 der kaiserl. Bibliothek.

Herr Dr. *Harkavy* in Petersburg hatte die Güte über
die Petersburger Hs. mir folgendes mitzuteilen: Unsere Hs.
(Papier, orientalische Quadratschrift, 48 Bll. in 12⁰) hat
weder Anfang noch Schluss, beginnt in der Mitte I'bn Esras
ספר השם bis f. 7a; f. 7b bis 30b folgt unser פירוש מגלת
רות mit der Ueberschrift פירוש מגלת רות לר׳ טוביהו ברבי אליעזר
ונתנה בחג שבועית. נשלם ספר רות. תהלה dem Schlusse וצוק״ל
דין בי יש למוציא עמו לחירות und einem Zusatz f. 31a bis 36a
בתחלת ספר זה גישאלות וכו׳. Am Schlusse dieses Zusatzes nennt sich
der Schreiber תם זה הספר בעזרת הנותן אמרי שפר על ידי יוסף הצעיר
החונט השם יכבהו לחוות בנעים י״י ולבקר בהיכלו, vollendet dieses
Werk mit Hilfe desjenigen, der verleiht gefällige Reden,
durch den kleinen Josef, den Schreiber u. s. w. — f. 36a bis
44b folgt הלכות שחיטה דרבנן, in welchem Raschi und R. Mosche
Mi'kuzzi erwähnt werden und schliesst mit der Angabe
נאם אברהם בר שבתי וצ״ל לא מדעתי מהר לבבי ורחב פתחי ביתי ועצוני
רעיוני שכלי לבוא בעומק הים הגדול etc. — f. 35 a ff. enthält.

רש"י פירוש ספר איוב דר' שלמה ז"ל (Raschi)." Diese Handschrift hat an verschiedenen Stellen die richtige Lesart, was ich in den Anmerkungen zum Texte notiert habe. Zuweilen habe ich auch den Text nach dieser Hs. korrigiert. Der Zusatz dieser Handschrift ist ebenfalls sehr interessant, wesshalb ich denselben meinem Werkchen angefügt habe, s. Text S. 48 bis 52. Dieser Zusatz ist indes nicht vom Verfasser des Lekach tob, sondern gehört einem späteren Verfasser an, wahrscheinlich einem Sepharden, wie ich dies S. 48, Vorbemerkung zum Zusatz, nachgewiesen habe, und was auch daraus zu erschliessen ist, dass der Verfasser dieses Zusatzes in der Reihenfolge der hagiographischen Bücher das Buch Ruth dem Buche Mischle (Sprüche) folgen lässt, wie dies bei den Sepharden und Masoreten der Fall gewesen, siehe Nurzi in Minchat Schai Einleitung zu den Psalmen. Auch die oben beschriebene Handschrift A I2 der Bibliothek Angelica in Rom und Handschrift Nr. 1 der k. k. Hofbibliothek in Wien haben in den hagiographischen Büchern die Reihenfolge Mischle, Ruth (s. Cat. der handschriftl. hebräischen Werke der k. k. Hofbibliothek zu Wien von *Krafft* und *Deutsch,* Wien 1847.)

Berichtigungen:

Text	Anm.	S.	Z.	Fehler	Verbesserung
,,		9	6	rührt	rührt her
..		10	7	רטוביה	ר' טוביה
,,		11	21	יום	ביום
	,,	11	2	Mss. Cod. hebr.	Codd. mss. hebr.
.,		14	1	Insbesondere	insbesondere
		20	11	sind	ist
		21	18	Propheten	Profeten
		21	20	talmud- ischen	talmu- dischen
.,		28	13	אפרין	אפרתין
.,		29	11	שם	שם
,,		31	1	Ein busse	Ein- busse
..		37	2	Rich	Rich.
.,		45	13	מגלות	מגילות
,,		45	20	מדרב	מדרבי